Norwegian

Margaretha Danbolt Simons

TEACH YOURSELF BOOKS

Acknowledgements

My greatest thanks are due to my editors at Hodder & Stoughton: to Helen Coward, who first approached me about writing this book and got me under way, and to Sarah Mitchell, who saw me through the whole process. I am immensely grateful for all the help I have received, from beginning to end, from Gillian James at the University of Surrey. Gillian also acted as my guinea pig. I would like to thank John Hart of Esher College for patiently improving my English. The encouragement and practical assistance from Gunilla Anderman and my colleagues at The Centre for Translation Studies, University of Surrey, have been of tremendous value, and I would like to thank John Pretlove and Richard Nice (in the Departments of Mechanical Engineering and Linguistics and International Studies respectively), both of the University of Surrey, for their computing help, without which I would have been lost. And finally, the enthusiasm of my children, William, Steven and Pooh, Rebekka and Nick, has been a great inspiration.

For Tom

Long-renowned as the authoritative source for self-guided learning – with more than 30 million copies sold worldwide – the *Teach Yourself* series includes over 200 titles in the fields of languages, crafts, hobbies, sports, and other leisure activities.

A catalogue record for this title is available from the British Library.

Library of Congress Catalog Card Number: 96-68476

First published in UK 1997 by Hodder Headline Plc, 338 Euston Road, London NW1 3BH

First published in US 1997 by NTC Publishing Group
An imprint of NTC/Contemporary Publishing Company
4255 West Touhy Avenue, Lincolnwood (Chicago), Illinois 60646-1975 U.S.A.

The 'Teach Yourself' name and logo are registered trade marks of Hodder & Stoughton Ltd in the UK.

Copyright © 1997 Margaretha Danbolt Simons

Typeset by Transet Limited, Coventry, England.
Printed in England by Cox & Wyman Limited, Reading, Berkshire.

Impression number   10   9
Year   2004 2003 2002 2001 2000

CONTENTS

—— INTRODUCTION ——

The aim of this course is to enable the student to speak and read everyday Norwegian, and to gain insight into the Norwegian culture and way of life.

Teach Yourself Norwegian is designed for the absolute beginner; no previous knowledge of any foreign language is required. Grammar is kept to a minimum; only what is necessary for this course is included, and grammatical terms are carefully explained.

Norwegian is not a difficult language for an English-speaking person. Many words are similar. Pronunciation may at first seem a bit difficult, but there are some basic rules to follow. These are covered in the following section. The cassette is a further help.

You will see in the list below that each unit has several sections in it. To start you off, there is a list of What you will learn in the unit; then you can work through three dialogues or texts. These are followed by detailed vocabulary boxes that list, in detail, the new words and phrases that have been introduced in the preceding dialogue or text. In this way, you can read through the dialogue or text, and/or listen to it on the cassette at the same time, a few times so that you can get the gist of the situation. Then, to increase your vocabulary learning, you can look through the vocabulary box and make sure you understand all of it. It is helpful to say the words and phrases out loud, and to write them out so that you memorise them more easily. Finally, there are some True/False? phrases to make sure that you have really understood the dialogue/text.

Remember that the best way to learn a language is to listen and read a little and often and to increase your confidence gradually – this is far better than spending long infrequent sessions poring over the books!

The next section is called What to say, and this gives you plenty of new phrases relating to the situations in the unit as a whole.

Language patterns and structures are the basis of the language and you need to master these so that you can express yourself freely in spoken and written Norwegian. It is not the most difficult language, but there are lots of turns of phrase and unexpected structures that are clearly and fully explained in this course. Make the most of the examples in this section because they will come in useful later when you are doing the practice section and the prompted speaking exercise at the very end of every unit.

What you need to know, the next section, gives you lots of useful information about the Norwegian way of life: just the sort of thing you will find most intriguing whenever you visit Norway, or if you get talking to a Norwegian abroad.

Finally, it is a good idea to do the exercise section soon after reading the language patterns sections so that the grammar is still fresh in your mind. However, remember to look back at previous units' language patterns sections to revise as you work through the course. At the back of the book there is a useful index to the grammar subjects. There are also lists of irregular nouns, irregular verbs and modal verbs as a useful reference once you are producing written Norwegian and you need to pay attention to the details.

All the answers to the exercises are listed in the back of the book, but make sure you complete each exercise, or even each unit of exercises, before looking up the answers.

Listen to the cassette as much as you can. Even when you are not actually working with the book, remember to take the cassette with you in case you have a few spare moments to listen to the cassette – in the car, on a personal stereo on the train, while gardening or doing housework! It is a good idea to listen to the dialogues that you have worked on so that you refresh your memory of all the words and phrases used.

This course focuses on two central characters: an English student, John, and a Norwegian girl, Bente. We follow them through their ups and downs in a variety of situations during a year in Norway. Notes on travelling in Norway, food, illness, bookings and letter-writing are included. Norwegian festivals are covered.

There are 16 units, each following the same pattern.

Introduction. This is an English summary of what you will learn in each unit.

Samtale (*Dialogue*) 🔊 or **Tekst** (*Text*) 📖. There are three at the beginning of each unit. Use the cassette to hear the correct pronunciation.

Ordliste (*Vocabulary*) 🔑. After each dialogue or text there is a list of new words and expressions in the order in which they appear in the dialogue or text.

Sant eller usant? (*True or false?*) After each text there are some statements which may or may not be true. The aim of this exercise is for you to check whether you have understood the text.

Slik sier vi det (*What to say*). A repetition of useful expressions from the text and some extra ones which may come in useful.

Grammatikk (*Language patterns*) 📼. Notes on grammatical structures and how to use them.

Øvelser (*Exercises*) ✅. These are for you to practise what you have learnt. (Answers at the back.)

Hva du trenger å vite (*What you need to know*). Comments about the Norwegian way of life, travel facts etc.

Forstår du? (*Do you understand?*) Another dialogue, but this time your part is in English, so you have to translate.

— PRONUNCIATION —

Norwegian is quite easy to pronounce, because it is usually spoken as it is written. There are some rules to follow, and some special sounds to get used to. When you have managed these, you will not find it difficult to pronounce Norwegian.

It is a good idea to listen to the cassette and imitate the Norwegians you hear. Norwegian radio stations can be found, but the reception is usually best late at night.

The most important thing to remember is that each letter is pronounced. An 'e' at the end of a word is always pronounced distinctly.

The Norwegian alphabet has 29 letters. There are three extra letters at the end of the alphabet used by English speakers. These are: Æ (as in *cat*), Ø (as in *first*) and Å (as in *awful*).

 A a (pronounced ah)   K k (pronounced kaw) U u (pronounced oo)
B b   "   beh)   L l   ("   el)   V v ("   veh)
C c   "   seh)   M m ("   em)   W w ("
                                                       dobbeltveh)
D d ("   de)   N n ("   en)   X x ("   eks)
E e ("   eh)   O o ("   o)   Y y ("   yew)
F f ("   ef)   P p ("   peh) Z z ("   set)
G g ("   geh) Q q ("   koo) Æ æ ("   a)
H h ("   haw) R r ("   air) Ø ø ("   ir)
I i ("   ee)   S s ("   ess) Å å ("   aw)
J j ("   jod) T t   ("   teh)

The last three letters are vowels. Y is always a vowel in Norwegian and is pronounced more as in *typical* than *type*.

──────────── **Vowels** ────────────

There are nine vowels in Norwegian: **a, e, i, o, u, y, æ, ø, å**. The vowels are pure sounds as in French or Italian, and not diphthonged as in English.

The Norwegian vowels may be short or long. As a general rule vowels are long in open syllables, e.g. **si** (*say*), or if followed by a single consonant, e.g. **tak** (*roof*).
Vowels are short before a double consonant, e.g. **takk** (*thank you*).

hat	(*hatred*)	**hatt**	(*hat*)
dit	(*there*)	**ditt**	(*yours*)

Exceptions: Norwegian words cannot end in a double **m**, so there are some words which are pronounced with a short vowel even if there is only one consonant. For example:

    rom   (*room*)
    hjem (*home*)

Also with a short vowel and single consonant are some common words:

    han   (*he*)
    hun   (*she*)
    den   (*it*)

The vowels are divided into two groups:

a, o, u and **å** are hard vowels
e, i, y, æ and **ø** are soft vowels

This distinction is important for the pronunciation of words starting with **g** or **k**.

Norwegian vowel		Pronunciation	Example
a	long	like **a** in *father*	far (*father*)
a	short	"	hatt (*hat*)
e	long	like **a** in *air*	sted (*place*)
e	short	like **e** in *bed*	gress (*grass*)
i	long	like **ea** in *eat*	min (*mine*)
i	short	like **i** in *kiss*	sild (*herring*)
o	long	like **o** in *moor*, but with tightly rounded lips	bok (*book*)

o	short	like **or** in *organ*	sokk (*sock*)
u	long	like **u** in *true*	hus (*house*)
u	short	like **u** in *full*	full (*full*)
y		**ee** with	
		rounded lips	by (*town*)
			kyss (*kiss*)
æ		like **a** in *cat*	være (*to be*)
			lærd (*learned*)
ø		like **i** in *bird*	dør (*door*)
			først (*first*)
å	long	like **aw** in *awful*	år (*year*)
å	short	like **o** in *not*	åtte (*eight*)

The pronunciation as described is only approximate. Listen carefully to the cassette.

Pronunciation exercises

	Long vowels		**Short vowels**	
a	Kari	Mari	Anne	Hanne
e	Erik	Eva	Bente	Petter
i	Nina	Liv	Nils	Silje
o	Ole	Gro	Trond	Otto
u	Rut	Rune	Tulla	Gunnar
y	Yberg	Tyra	Yngve	Yvonne
æ	Sæverud	Træna	Kjærstad	Værnes
ø	Søren	Øland	Sølvi	Bjørn
å	Åse	Åge	Bård	Åsta

Diphthongs

There are three important diphthongs in Norwegian:

| **ei** | as in the English *mate, say*. | **vei** | (*road*) |
| | | **reise** | (*travel*) |

øy	no English equivalent. Don't say **Oi!**		
	Say '**Ø**' and then add the '**y**'.	**høy**	(*tall*)
		øye	(*eye*)

| **au** | '**a**' as in *cat* followed by '**u**'. | **au!** | (*ouch!*) |
| | | **sau** | (*sheep*) |

Consonants

Norwegian consonant	Pronunciation	Example
b	like b in *bed*	bok (*book*)
c	only used in foreign words pronounced as s in front of soft vowels,	centimeter
	and as k in front of hard vowels	camping
d	like d in English	dame (*lady*)
f	like f in English	fem (*five*)
g	like g in *go* in front of hard vowels	gate (*street*)
	or consonants	gris (*pig*)
	like English y in front of soft vowels	gi (*give*)
h	like h in *hat*	han (*he*)
j	like y in *yes*	ja (*yes*)
k	like k in *kite* in front of hard vowels	Kari
	or consonants	klær (*clothes*)
	like h in *Hugh* in front of soft vowels	kyss (*kiss*)
l	like l in *life*	liv (*life*)
m	like m in *miss*	mor (*mother*)
n	like n in *not*	ny (*new*)
p	like p in *pig*	pen (*pretty*)
q	like q in *queen*, only used in foreign words	quiz
r	in some parts of Norway the r is rolled	reise (*travel*)
s	like s in *sense*	se (*see*)
	as sh in front of l	slå (*hit*)
t	like t in *train*	tog (*train*)
v	like v in *very*	vil (*will*)
w	as v. Only used in foreign words	WC (*toilet*)
x	as s. Only used in foreign words	xylofon (*xylophone*)
z	like s. Only used in foreign words	zoo (*zoo*)

Consonant combinations

ng	as in *ring*. The 'g' is not really sounded	**ring** (*ring*)
gn	as in *rain*, *slain*.	**regn** (*rain*)
sk	becomes **sh** before soft vowels	**skitt** (*dirt*)
skj	as **sh**	**skjorte** (*shirt*)
sj	also as **sh**	**sjelden** (*seldom*)
rs	often becomes **sh**	**norsk** (*Norwegian*)

Silent consonants

d at the end of a word is almost always silent. Exceptions are:
ned (*down*)
sted (*place*)

g is silent in adjectives and adverbs ending in **-ig**
deilig (*delicious*)
ledig (*free*)

h is silent before **j** and **v**
hjem (*home*)
hva (*what*)

t is silent at the end of a definite neuter noun **huset** (*the house*)
and at the end of **det** (*it*)

v is silent at the end of some words
tolv (*twelve*)
halv (*half*)

Stress

In Norwegian the stress is normally on the first syllable. But there are many exceptions to this rule. This is particularly so with words of foreign origin. Words with German prefixes will usually have the stress on the second syllable:

betale (*pay*)
forklare (*explain*)

Words of Greek and Latin origin are stressed on the last syllable:

stasjon (*station*)
telefon (*telephone*)
universitet (*university*)

Accent

Peculiar to Norwegian and Swedish is the existence of two types of speech melody. This gives the languages that special singing sound. There are two 'tones': the single tone and the double tone.

The single tone is used for words with one syllable and for longer words ending in **-el, -en** and **-er**. It starts rather low and rises towards the end of the word:

pen (*pretty*)   **vakker** (*beautiful*)

The double tone is usually found in words with two or more syllables. It starts on a higher note than the single tone, dips about three tones and rises to a higher pitch than where it began:

pike (*girl*)   **deilig** (*delicious*)

Some words take on a different meaning by changing the tone:

Single tone   **Double tone**

hender (*hands*)   **hender** (*happens*)
ånden (*the spirit*)   **ånden** (*the breath*)

In essence, the single tone is a single increase in pitch in the course of a word. The double tone has a similar overall increase in pitch, but there is a slight fall initially before the increase takes place.

1
HEI! HVA HETER DU?

Hello! What is your name?

In this unit you will learn how to

- greet people
- introduce yourself
- form simple statements and questions
- form simple negative statements

Samtale 1 *(Dialogue 1)*

Lørdag 1 april (**lørdag første april** = *Saturday, the first of April*)
The two main characters in this book are John and Bente. John is
English and is studying economics in London. He is planning to go to
Norway on holiday, and is attending a Norwegian evening class.
Bente is a Norwegian girl. She has spent some time in London as an
au pair. John and Bente meet by chance.

Bente   Hei! Jeg heter Bente. Jeg er norsk. Hva heter du?
John   Hei! Jeg heter John.
Bente   Du er ikke norsk. Hvor kommer du fra?
John   Jeg er engelsk. Jeg kommer fra York. Hvor kommer du fra?
Bente   Jeg kommer fra Bergen. Men jeg bor i London nå. Jeg er au
      pair. Hvor bor du?
John   Jeg bor i London.

hei! *hi!*	**kommer** *come/comes*
jeg *I*	(**å komme** *to come*)
heter *am /are /is called*	**fra** *from*
(**å hete** *to be called*)	**engelsk** *English*
er *am/are/is*	**men** *but*
norsk *Norwegian*	**bor** *live/lives*
hva *what*	(**å bo** *to live*)
du *you*	**i** *in*
ikke *not*	**nå** *now*
hvor *where*	

Sant eller usant? 1 *(True or false)*

Say whether the following statements are true (T) or false (F). (There will be a 'true or false' after each dialogue for you to test yourself.)

(a) John er norsk.
(b) John kommer fra York.
(c) Bente kommer ikke fra York.

Samtale 2 *(Dialogue 2)*

Bente and John continue their conversation:

Bente Kommer du med bil fra York?

John Nei, jeg har ikke bil. Jeg har motorsykkel.

Bente Er du student i London?

John Ja, jeg er student. Og jeg lærer norsk. Jeg vil gjerne reise til Norge.

Bente Når vil du reise til Norge?

John Jeg vil gjerne reise til Norge i sommer.

Bente Vil du reise med fly?

John Nei, jeg vil reise med motorsykkel!

med *with*	(**å lære** *to learn*)
bil *car*	**vil** *will, want to*
nei *no*	**vil gjerne** *would like to*
har *have/has*	**reise** *travel*
(**å ha** *to have*)	(**å reise** *to travel*)
motorsykkel *motorbike*	**til** *to*
(**sykkel** *bike*)	**Norge** *Norway*
student *student*	**når** *when*
ja *yes*	**i sommer** *this summer*
og *and*	**fly** *aeroplane*
lærer *learn/learns*	

A useful expression

Jeg vil gjerne...   *I would like to...*

Sant eller usant? 2 *(True or false?)*

(a) John vil gjerne reise til Norge.
(b) John er ikke student i London.
(c) Bente kommer med bil fra York.

——— Samtale 3 *(Dialogue 3)* ———

Søndag 2 mai (**søndag andre mai** = *Sunday, the second of May*) It is a month later. Bente meets her friend, Kari, in a pub. Kari is another Norwegian and comes from the north of Norway.

Bente møter Kari i en pub. Kari er norsk. Hun kommer fra Tromsø.

Bente Hei, Kari!
Kari Hei, Bente! Hvordan har du det?
Bente Fint, takk – og du?
Kari Bare bra, takk. Vil du ha et glass øl?
Bente Ja takk. Jeg vil gjerne ha et glass øl.

De ser John.

Kari Hva heter han?
Bente Han heter John. Han er student. Han kommer fra York.

Kari Hei, John! Jeg heter Kari. Hvordan har du det?
John Fint, takk, – og du?

Kari	Bare fint! Jeg skal reise til Bristol nå. Jeg skal reise med tog. Ha det!
Bente og John	Ha det!

John Nå vil jeg gjerne ha en kopp kaffe.
Bente Og jeg vil gjerne ha et glass øl til.
John Er Kari student?
Bente Ja, hun er student. Hun lærer engelsk.

møter *meet/meets*	**øl** *beer*
(**å møte** *to meet*)	**ser** *see/sees*
en *a*	(**å se** *to see*)
pub *pub*	**han** *he*
hvordan *how*	**skal** *shall*
det *it*	**nå** *now*
fint *fine*	**tog** *train*
takk *thank you*	**ha det!** *bye-bye!* (Lit. *'have it'!*)
bare *only*	**kopp** *cup*
bra *fine*	**kaffe** *coffee*
et *a*	**til** *more/another*
glass *glass*	**hun** *she*

Some useful expressions

Jeg vil gjerne ha en kopp kaffe. *I would like a cup of coffee.*
Jeg vil gjerne ha en kopp kaffe til. *I would like another cup of coffee.*

Sant eller usant? 3 *(True or false?)*

(*a*) Bente vil ha en kopp kaffe.
(*b*) Kari skal reise til Bristol.
(*c*) John reiser til Bristol med Kari.

—— **Slik sier vi det** *(How to say it)* ——

Here is a summary of the expressions used in the dialogues:

- How to ask:

Hva heter du?   *What is your name? /*
                                 What are you called?

Hvor kommer du fra?	*Where do you come from?*
Er du norsk?	*Are you Norwegian?*
Er du engelsk?	*Are you English?*

- How to say:

Jeg heter...	*I am called...*
Han heter John.	*He is called John.*
Hun heter Bente.	*She is called Bente.*
Jeg er student.	*I am a student.*
Jeg kommer fra York.	*I come from York.*

- How to greet someone:

Hei, Kari!	(informally)
God dag!	(formally)

- How to express a wish:

Jeg vil gjerne reise til Norge.	*I would like to travel to Norway.*
Jeg vil gjerne ha en kopp kaffe.	*I would like a cup of coffee.*
Jeg vil gjerne ha en kopp kaffe til.	*I would like another cup of coffee.*

🔧 – Grammatikk *(Language patterns)* –

1 En bil *(a car)*, et tog *(a train)*

A noun is a word which means a thing, a person, animal or place. **Bil** (*car*), **student** (*student*), **katt** (*cat*) are examples of nouns.

Names of people or places, such as John, York, Norway are called proper nouns and are spelt with a capital letter in Norwegian as they are in English.

Norwegian nouns are either **en, ei** or **et** words. This is called the gender of the noun. In Norwegian every noun has a gender. This is masculine, feminine or neuter. The gender of a noun affects other words in connection with it. This means that each time you learn a new noun you should also try to remember the gender.

In the word lists, later in the course, you will find the gender en, ei or et in brackets after the noun. It is a good idea to try to memorise which gender word is needed with every new word you learn. This will save you a lot of time later when you become more confident using the language in spoken as well as written forms.

2 En/(ei)/et

The indefinite article in English is *a* or *an*. In Norwegian, the indefinite articles are **en/(ei)/et**.

Here's a summary of the three genders in Norwegian:

en = *a / an*:   masculine
(**ei** = *a / an*):   feminine
et = *a / an*:   neuter

All nouns belong to one of these categories.

Don't worry about the feminine gender because:

● most feminine nouns can be used as masculine
● there are not many feminine nouns
● in Norwegian literature, newspapers and formal speech, one seldom uses feminine gender

For these reasons masculine and feminine nouns are grouped together and are called the common gender.

This leaves **en**-words and **et**-words.

In the **Vocabulary** at the back of the book, nouns will be listed like this:

bil (en)   *car*
seng (en/ei)   *bed*
tog (et)   *train*

Unfortunately there are no simple rules to tell whether a noun is common or neuter gender. It is a good idea to try to learn the gender with the noun. You have already met these nouns. Now check their genders.

en bil   *a car*
et tog   *a train*
et fly   *an aeroplane*
en motorsykkel   *a motorbike*
en student   *a student*
en sommer   *a summer*

Note that there are no capital letters for seasons, months and days.

3 Jeg har bil

You might have noticed that it is not always necessary to use the word for *a* when stating certain situations, like: **jeg har bil**, and **jeg kommer med fly**.

The same applies for occupations. You usually say:

John er student.	*John is a student.*
Bente er au pair.	*Bente is an au pair.*
Hun er lærer.	*She is a teacher.*

4 Jeg/du/han/hun/den/det *(I/you/he/she/it)*

These words are called personal pronouns. These pronouns can be used to replace nouns.

John er engelsk.	*John is English.*
Han er engelsk.	*He is English.*
Bente kommer fra Norge.	*Bente comes from Norway.*
Hun kommer fra Norge.	*She comes from Norway.*

Den and **det** both mean *it*. **Den** is used to replace common gender words, whereas **det** is used to replace neuter words.

5 *Verbs*

A verb is a word which states what someone or something is doing. For example, **Kari reiser** (*Kari travels*) and **John går** (*John walks/ goes*) are verb phrases.

Verbs are usually listed in what is called the infinitive. The infinitive of the verb expresses the meaning of the verb without being tied to who or what is doing the verb, or when it is taking place. In English a verb in infinitive looks like this: to travel, to go.

With Norwegian verbs the infinitive is preceded by **å**, and usually ends in **e**. For example **å reise** (*to travel*). A few have no **e** ending as in **å gå** (*to walk/go*), **å se** (*to see*).

The shortest possible form of the verb is called the stem. You'll find the stem by removing the infinitive **-e** ending.

| Infinitive: | **å reise** (*to travel*) | Stem: **reis** |
| Infinitive | **å gå** (*to walk/go*) | Stem: **gå** |

Endings are added for more identification; for example to show if the action is taking place in the past, the present or the future.

6 Verbs in the present tense

Verbs are listed in the infinitive in reference sections such as a dictionary.

å reise *to travel*
å ha *to have*
å komme *to come*
å hete *to be called*
å bo *to live*

When you are deciding whether what is happening is taking place in the past, the present or the future you are choosing what is called the 'tense'.

When you want to talk about what is happening to someone now, you use present tense. To form the present tense you add an **r** to the infinitive.

Unlike in many other European languages it doesn't matter whether it is *I*, *you*, *he*, *she* or *it* who is carrying out the verb. You add an **r** to the infinitive regardless. It couldn't be simpler!

Infinitive	*I*	*you*	*he*	*she*	*it*
å reise	jeg reiser	du reiser	han reiser	hun reiser	den/det reiser
å ha	jeg har	du har	han har	hun har	den/det har
å komme	jeg kommer	du kommer	han kommer	hun kommer	den/det kommer
å hete	jeg heter	du heter	han heter	hun heter	den/det heter
å bo	jeg bor	du bor	han bor	hun bor	den/det bor

7 How to make sentences

Here are three basic sentences:

Statement:	Han er norsk.	*He is Norwegian.*
Negative:	Han er ikke norsk.	*He is not Norwegian.*
Question:	Er han norsk?	*Is he Norwegian?*

Han is the subject of these sentences, and **er** is the verb.

To form a question, you put the verb before the subject, as you do in English! However, you can also use question words such as *what*, *where*, *who* or *how*. The word for *not* is **ikke**.

Question:	Hva heter hun?	*What is she called?*
Statement:	Hun heter Kari.	*She is called Kari.*
Negative:	Hun heter ikke Kari.	*She is not called Kari.*

When you use a question word, this comes first in the sentence.

 ——————— **Øvelser** *(Exercises)* ———————

1   Can you answer these questions? The first two – (*a*) and (*b*) – start **Jeg...** .

   (*a*) Hva heter du?
   (*b*) Hvor kommer du fra?
   (*c*) Hvordan har du det?
   (*d*) Er du norsk?
   (*e*) Hvor bor du?

2   How would you do the following? Look in the section **Hva du trenger å vite** (*What you need to know*) which follows the exercises:

   (*a*) Greet a friend.
   (*b*) Say 'goodbye' to your elderly teacher.
   (*c*) Say 'How do you do' to the Prime Minister.
   (*d*) Say 'good night' to your family.
   (*e*) Say 'bye bye' to a fellow student.

3   Answer these questions in the negative using **nei** and **ikke**:

   Example: Er Bente engelsk?   **Nei**, Bente er **ikke** engelsk.
          Is Bente English?   *No, Bente is not English.*

   (*a*) Er John norsk?
   (*b*) Vil du ha en kopp kaffe?
   (*c*) Kommer Bente fra York?
   (*d*) Bor du i Wales?
   (*e*) Har Bente bil?

4   Now can you change these statements into questions?

Example: Du er engelsk.   Er du engelsk?

(a)   John er norsk.
(b)   Han kommer fra York.
(c)   Du bor i London.
(d)   Hun har bil.
(e)   Bente lærer engelsk.

5   Make up questions for these answers, using the question words **hva**, **hvor** and **hvordan**.

(a)   _____? Han heter John.
(b)   _____? Jeg bor i London.
(c)   _____? Takk, fint.
(d)   _____? Han kommer fra York.
(e)   _____? Han studerer norsk.

6   Fill in the gaps with a suitable verb to make a sentence:

Examples: John reiser med fly til Bergen. (*John travels by aero-
plane to Bergen.*)
Han bor i London. (*He lives in London.*)

(a)   Bente _____ med fly til Norge.
(b)   John _____ i London.
(c)   John _____ motorsykkel.
(d)   Han _____ ikke bil.
(e)   Kari _____ med tog til York.

7   Wordsearch: find the hidden Norwegian words in the grid below –
they are either across or down. (There are seven of them.)

X	T	Z	A	J	Q	F	H	W	G	B
P	T	O	N	F	G	L	P	R	F	I
M	O	T	O	R	S	Y	K	K	E	L
M	G	H	R	L	D	Y	X	C	R	Q
X	G	M	S	Z	D	Z	Q	R	I	S
Q	Z	A	K	X	R	E	I	S	E	Z

If you get stuck, here are the English translations to help you: aeroplane, travel, Norwegian, car, holiday, motorbike and train.

Hva du trenger å vite
(What you need to know)

Greetings: Norwegians like to shake hands, and invariably do so when they meet. Nowadays a peck on the cheek or a hug is common after having met a few times.

Hei is by far the most common greeting these days, and is used when one would say *hi* or *hello*.

Morn is another informal greeting.

More formal ways of greeting people:

god dag	*good day/hello*
god morgen	*good morning*
god kveld	*good evening*
god aften	*good evening*

Saying: Goodbye

ha det bra	*goodbye* (lit. *have it good*)
ha det godt	*goodbye* (lit. *have it good*) or just
ha det	*bye*, (lit. *have it*)
morna	*bye-bye*
adjø	*adieu/goodbye* (very formal)
på gjensyn	*looking forward to seeing you again*
god natt	*good night* when going to bed
god reise	*have a good trip/journey*

Asking: How are you?

hvordan har du det?	*how are you?*
hvordan går det?	*how goes it?*
takk, bare bra	*thank you, just fine*
takk, fint	*thank you, fine*
takk	*thank you*
mange takk	*many thanks*
tusen takk	*a thousand thanks*

Forstår du?
(Do you understand?)

You meet a Norwegian student, and you want to practise your Norwegian. Give the Norwegian for the sentences in English:

Du   (Say it in Norwegian!) *Hi! Are you Norwegian?*
Han   Ja, jeg er norsk. Men du er ikke norsk?
Du   *No, I am English.* (Translate!) *I am learning Norwegian.*
Han   Hva heter du?
Du   (your name) *What are you called?*
Han   Jeg heter Per. Hvor kommer du fra?
Du   *I come from* _____ . *And you?*
Han   Jeg kommer fra Nord-Norge.
Du   *Are you a student?*
Han   Ja, jeg studerer medisin.
Du   *I shall travel to Norway in the summer.*
Han   Skal du reise med fly til Norge?
Du   *No, I have a motorbike.*

Nord-Norge	*north Norway*	**studerer**	*study/studies*
medisin	*medicine*	**(å studere**	*to study)*

The dialogues in this unit have given you about 60 words with which to start building up your vocabulary. So far we have avoided using genders, but read the Grammar sections 1, 2 and 3 carefully, as genders will be used in Unit 2.

It is a good idea to make your own grammar summary as you go along.

2

JEG VIL GJERNE — REISE TIL NORGE —

I would like to travel to Norway

In this unit you will learn

- how to say what you do for a living
- how to count to ten
- how to get to Norway
- the days of the week

——————— Samtale 1 ———————

 Mandag 3 mai (**mandag tredje mai** = *Monday, the third of May*) John and Bente meet each other in London and talk about what they do.

Bente Jeg er au pair. Jeg lærer engelsk. Jeg vil gjerne bli lærer.

John Jeg er student. Jeg studerer. Jeg vil gjerne bli hotell-direktør. Og jeg vil gjerne reise på ferie til Norge med deg. Jeg liker deg!

Bente Jeg liker deg også. Liker du å lære norsk?

John Ja, men læreren er en kjedelig gammel dame.

Bente Hvor er kurset?

John Kurset er på en stor skole i London.

Bente Når er kurset?

John Kurset er hver mandag kveld.

bli *become/becomes*	**læreren** *the teacher*
(**å bli** *to become*)	(**en lærer** *a teacher*)
lærer *teacher* (en)	**kjedelig** *boring*
studerer *study/studies*	**gammel** *old*
(**å studere** *to study*)	**dame** *lady* (en)
hotell *hotel* (et)	**kurset** *the course*
direktør *manager/director* (en)	(**et kurs** *a course*)
på *on, at*	**stor** *big*
ferie *holiday* (en)	**skole** *school* (en)
deg *you*	**hver** *each*
liker *like/likes*	**mandag** *Monday*
(**å like** *to like*)	**kveld** *evening* (en)
også *as well/also*	

Sant eller usant? 1

(*a*) John er student i London.
(*b*) Bente er en kjedelig, gammel dame.
(*c*) John liker ikke Bente.
(*d*) Bente vil reise på ferie med John.

——————— Samtale 2 ———————

Bente and John continue their conversation:

Bente Skal du på norsk-kurs i kveld?
John Ja, men jeg vil heller gå på pub med deg!
Bente Du kan se meg etter kurset.
John Det er så kjedelig!
Bente Men du må lære norsk, og så skal vi reise til Norge sammen.
John Jeg vil være sammen med deg hele tiden!
Bente Jeg vil ikke være sammen med deg hele tiden!!
John Du er hard! Skal vi ta et glass øl etter kurset?
Bente Det kan vi. Vi kan ta to eller tre hvis du vil! Ha det!
John Ha det!

i kveld *this evening*	**etter** *after*
heller *rather*	**så** *so/then*
gå *go* (**å gå** *to go*)	**må** *must*
kan *can*	**vi** *we*
meg *me*	**sammen** *together*

være	*be*	**ta**	*take*
(**å være**	*to be*)	(**å ta**	*to take*)
hele	*the whole*	**to**	*two*
tiden	*the time*	**eller**	*or*
(**en tid**	*a time*)	**tre**	*three*
hard	*hard/tough*	**hvis**	*if*

Sant eller usant? 2

(a) Bente vil ikke se John etter kurset.
(b) John vil gjerne være sammen med Kari hele tiden.
(c) Bente må lære norsk.
(d) Norsk-kurset er kjedelig.

Samtale 3

Tirsdag 3 juni (**tirsdag tredje juni** = *Tuesday, the third of June*)
Bente and John have known each other for two months and they have
seen a lot of each other. Bente's time working as an au pair is coming
to an end. Now they are planning to go to Norway together.

Bente Når skal vi reise til Norge?
John Jeg kan reise i juli.
Bente Jeg vil gjerne reise i juli. Skal vi reise med fly?
John Nei, jeg vil reise med ferge. Jeg skal kjøre motorsykkel. Vil
du kjøre med meg?
Bente Ja, gjerne! Det går ferge fra Newcastle til Bergen og ferge
fra Harwich til Gøteborg i Sverige.
John Det er bedre å reise til Gøteborg hvis vi skal til Oslo. Jeg har
et godt kart over Sverige og Norge.
Bente Vi skal kjøre på E 6 hele veien. Det er Europavei 6, som går
til Oslo og videre til Nord-Norge. Har du pass?
John Ja, jeg har pass. Jeg skal bestille billetter i morgen.
Bente Fergen går søndag og tirsdag. Hvis vi reiser på tirsdag, kom-
mer vi til Gøteborg på onsdag. Vi kan være i Oslo sent ons-
dag kveld. Vi kan bo hos min tante torsdag, fredag og lørdag,
og så reise til Bergen på søndag.
John Jeg vil gjerne ha fire–fem dager i Oslo.
Bente Fint. Jeg gleder meg til å reise til Norge med deg!

juli *July* (en)	**(å bestille** *to order*)
ferge *ferry*	**billetter** *tickets*
kjøre *drive*	**(en billett** *a ticket*)
(å kjøre *to drive*)	**i morgen** *tomorrow*
gjerne *gladly*	**søndag** *Sunday*
Gøteborg *Gothenburg*	**tirsdag** *Tuesday*
Sverige *Sweden*	**onsdag** *Wednesday*
bedre *better*	**sent** *late*
godt *good*	**hos** *at the house of*
kart *map* (et)	**min** *my*
over *over/of*	**tante** *aunt* (en)
vei *road* (en)	**torsdag** *Thursday*
Europa *Europe*	**fredag** *Friday*
som *which, that*	**lørdag** *Saturday*
seks *six*	**fire** *four*
videre *further*	**fem** *five*
pass *passport* (et)	**dager** *days*
bestille *order*	**(en dag** *a day*)

Useful expression – gleder meg til *look forward to*

Jeg gleder meg til å...   *I am looking forward to...*

Sant eller usant? 3

(*a*) Bente og John vil ta ferge fra Newcastle til Gøteborg.
(*b*) Europavei 6 går til Oslo.
(*c*) Bente har en tante i Oslo.
(*d*) John har et godt kart.

——— Slik sier vi det ———

● Here are some of the expressions used in the first two dialogues:

Hva gjør du?	*What do you do?*
Jeg er lærer.	*I am a teacher.*
Jeg er hotell-direktør.	*I am a hotel manager.*
Jeg er student.	*I am a student.*

Do you remember, from Unit 1, about using the indefinite article (*a* / *an*)? It is not necessary to use *a* / *an* when stating your job or profession; you simply say: *I am hotel manager, I am dentist* or *I am student.*

● Hva studerer du?   *What are you studying?*

- Jeg studerer norsk. *I am studying Norwegian.*

- Some useful expressions worth remembering:

  Jeg vil gjerne... *I would like to...*
  Jeg vil gjerne ha en kopp kaffe. *I would like to have a cup of coffee.*
  Jeg vil gjerne reise til Norge. *I would like to travel to Norway.*

  Jeg vil heller ha... *I would rather have...*
  Jeg vil heller reise til USA. *I would rather travel to the USA.*
  Jeg vil heller ha et glass øl. *I would rather have a glass of beer.*

- Note that you don't use *of* in these phrases:

  en kopp kaffe *a cup of coffee*
  et glass øl *a glass of beer*

- Another useful expression:

  Jeg gleder meg til å... *I am looking forward to...*
  Jeg gleder meg til å reise. *I am looking forward to travelling.*

- Here is a little poem about a lazy person's week:

På mandag gjør jeg ingenting.	(*on Monday I do nothing*)
På tirsdag har jeg gode stunder	(*on Tuesday I have good times*)
På onsdag ser jeg meg omkring	(*on Wednesday I look around*)

På torsdag går jeg rundt
  og grunner
	(*on Thursday I go round
	  pondering*)

På fredag gjør jeg hva jeg vil	(*on Friday I do what I like*)
På lørdag stunder helgen til –	(*on Saturday the weekend starts*) –

 ——————— **Grammatikk** ———————

1 *Nouns*

Norwegian (as well as Danish and Swedish) is unusual in that the definite article, i.e. *the*, joins on to the end of the noun, **-en** at the end of en-words (common gender nouns), and **-et** at the end of et-words (neuter gender nouns).

en kopp (*a cup*) → **koppen** (*the cup*)
et glass (*a glass*) → **glasset** (*the glass*)

If the noun ends with an **-e**, you add an **-n** for en-words and **-t** for et-words. (For feminine nouns, the pattern would be: **ei** hytte (*a cottage*) → **hytta** (*the cottage.*))

2 How to describe the noun

Adjectives tell us more about the noun, such as its colour, size or appearance.

gul	*yellow*	**liten**	*small*
mørk	*dark*	**pen**	*pretty*
stor	*big*	**stygg**	*ugly*

An adjective can also describe how one feels about things, such as **en god kopp kaffe** (*a good cup of coffee*), **et kjedelig kurs** (*a boring course*) or **en sint student** (*a cross student*).

3 Adjectives and nouns (part 1)

In Norwegian the adjective takes various endings according to the gender of the noun. This may seem complicated at first, especially as there is no such thing in English. But there is a pattern to follow, and it will all fall into place! There are a number of different situations to cover, so we will deal with this a bit at a time. For now have a look at these and memorise them.

en kopp	*a cup*
en stor kopp	*a big cup*
et glass	*a glass*
et stor*t* glass	*a big glass*

So far we have only looked at indefinite singular nouns (*a* rather than *the*, and only one rather than more than one). In this situation:

● if the noun is an **en**-word, there is nothing added to the adjective
● if the noun is an **et**-word, a **-t** is added to the adjective

4 Nationalities and adjectives ending in -ig

The following groups of adjectives take no ending for **et**-words.

(a) Nationalities
en norsk student   *a Norwegian student*
et norsk kart   *a Norwegian map*

(b) Adjectives ending in **-ig**
en kjedelig dame   *a boring lady*
et kjedelig kurs   *a boring course*

5 We/you/they

In Unit 1 you looked at the personal pronouns in the singular:

jeg	*I*
du	*you*
han	*he*
hun	*she*
den/det	*it*

The plurals of the personal pronouns are:

vi	*we*
dere	*you* (more than one)
de	*they*

6 More about verbs: the future

In Unit 1 you saw that verbs are listed in the infinitive: **å reise** *to travel*. You have also seen verbs with the added **-r** in the present tense (what happens *now*). For example: **studenten reiser**, **han kommer**, **Bente går**.

But when do you use the infinitive as it stands apart from when listing the verbs?

- Make a note of these *helping verbs* (modal verbs):

| vil | *will* | | kan | *can* |
| skal | *shall* | | må | *must / have to* |

Things that will happen in the future are expressed by using one of these, most usually **skal** or **vil**, together with the infinitive of the verb. This is the same as in English:

Jeg skal reise i morgen.	*I shall travel tomorrow.*
John vil komme på fredag.	*John will come on Friday.*

7 To be

In Norwegian this important verb is much easier than in English:

Å være = *to be*

jeg er	*I am*
du er	*you are*
han/hun/den/det er	*he / she / it is*
vi er	*we are*
dere er	*you are*
de er	*they are*

8 Time expressions

It is difficult to make any rules about time expressions. They are just expressions that you should try to remember. Here are a few:

i kveld	*this evening*
i juli	*in July*
i sommer	*this summer*
i dag	*today*
i morgen	*tomorrow*
på torsdag	*on Thursday*

 ———————— **Øvelser** ————————

1 Complete the following sentences following the guidance of the pictures overleaf.

(a) Jeg vil gjerne reise _____ .
(b) Jeg vil gjerne kjøre _____ .
(c) Jeg vil gjerne lære _____ .
(d) Jeg vil gjerne ha _____ .

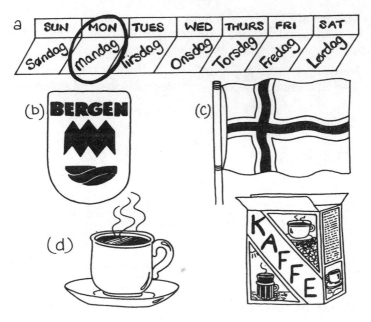

2 This is a list of nouns with their indefinite articles – *a/an*. Can you change the nouns to the definite article forms – *the* – using **en** or **et**?

Example: en lærer   læreren
              et kurs   kurset

(*a*) en skole
(*b*) en student
(*c*) et hotell
(*d*) en dame
(*e*) en ferge
(*f*) et kart
(*g*) en vei
(*h*) et pass

3 Fill in the gaps with verbs in the infinitive. Remember that there are no **-r** endings, as this is what is going to happen (future).

(*a*) John vil _____ med ferge til Sverige.
(*b*) Bente vil _____ et glass øl.
(*c*) Kari vil gjerne _____ en kopp kaffe.

(d) John vil _____ norsk.
(e) John skal _____ på motorsykkel i Norge.
(f) Han skal _____ billetter i morgen.

4 Here are some nouns in the definite singular. (That means that they are words like *the boy*.) What are they in the indefinite singular? (E.g. **a** boy)

Example: skolen   en skole
        kurset   et kurs

(a) studenten
(b) direktøren
(c) damen
(d) hotellet
(e) læreren
(f) kvelden
(g) glasset
(h) koppen

5 Fill in the gaps with the correct forms of adjectives for **et**-words. Is there a **-t** or not?

Example: en god reise   et godt kart

(a) en stor motorsykkel   et _____ fly
(b) en gammel ferge   et _____ pass
(c) en kjedelig dame   et _____ kurs
(d) en engelsk pub   et _____ tog

6 Fill in the gaps in these statements (read **Hva du trenger**):

(a) I dag er mandag. I morgen er ___.
(b) I dag er torsdag. I morgen er ___.
(c) To og tre er ___.
(d) Tre og sju er ___.
(e) Fire og fem er ___.
(f) Sju og tre er ___.

7 And now complete these phrases:

(a) Jeg vil gjerne ha (1) ___ kopp kaffe.
(b) John vil gjerne ha (5) ___ glass øl.
(c) Hun vil ikke ha (1) ___ glass øl.

8 Wordsearch: find the hidden Norwegian words. (There are 11 of them.)

M	W	Q	F	M	E	D	Z	J
Ø	W	Q	D	P	X	R	W	E
T	K	J	E	D	E	L	I	G
E	K	O	X	A	E	Æ	B	G
Z	N	H	H	M	C	R	Z	Q
H	A	N	X	E	W	E	Q	Z
U	U	Q	A	P	P	R	P	G
N	X	S	T	O	R	Z	O	G

If you get really stuck here are the English translations to help you out: meet, *I*, *with*, *boring*, *they*, *he*, *she*, *big*, *and*, *teacher* and *lady*.

Hva du trenger å vite

dagene i uken
(*the days of the week*)

søndag	Sunday
mandag	Monday
tirsdag	Tuesday
onsdag	Wednesday
torsdag	Thursday
fredag	Friday
lørdag	Saturday

Note that in Norwegian you do not use capital letters for the days of the week.

You will hear many people say **syv** instead of **sju** (7), especially older people. **Sju** has been the official number for many years, but old habits die hard.

The reason for this change is that **syv** sounded more old-fashioned and Danish. Norway was a Danish province for more than 400 years, and Danish was then the official language in Norway. **Sju** has a more Norwegian flavour!

vi teller til ti (*we count to ten*)	
1	en/ett
2	to
3	tre
4	fire
5	fem
6	seks
7	sju
8	åtte
9	ni
10	ti

How do you get to Norway? It is easy to travel to Norway by plane. Many flights arrive from Europe, the USA and other continents every day and there are several international airports. It is only two hours from London to Oslo by air.

If you want to travel by car, there are several ferry-crossings from ports in Denmark to Sweden, and the road connections between Norway and Sweden are excellent.

But if you want to go from England to Norway by ferry, there are just two ferries: one from Newcastle to Bergen and Stavanger (21 hours), and one from Harwich to Gothenburg in Sweden (23 hours).

Bergen, the second biggest city in Norway, is the gateway to the *fjord country*, with deep fjords, and high, snowcapped mountains, while Oslo, at the east side of Norway, has a completely different geography and atmosphere.

Forstår du?

You happen to sit next to a friendly-looking girl. She is reading a Norwegian newspaper. You start talking to her in Norwegian.

Du   (Say it in Norwegian!) *Hi! Are you Norwegian?*
Hun   Ja, jeg er norsk. Men du er ikke norsk!
Du   *No, I am English.* (Translate!) *I learn Norwegian.*
Hun   Går du på norsk-kurs?
Du   *Yes, I go to a Norwegian class, but it is boring!*

Hun Hvorfor et det kjedelig?

Du *Because the teacher is a boring old lady.*

Hun Jeg går på engelsk-kurs, men jeg har en hyggelig lærer. Hva heter du?

Du (your name) *And you?*

Hun Jeg heter Kari.

Du *Hi, Kari! Nice to meet you. Would you like a cup of coffee?*

Kari Nei takk. Nå må jeg gå. Jeg skal gå på kino og se en god film med min engelsk-lærer! På gjensyn!

Du *Bye bye.*

hvorfor *why*	**god** *good*
fordi *because*	**film** *film* (en)
hyggelig *pleasant/nice*	**min** *my*
treffe *meet*	**på gjensyn!** *hope to see you*
(**å treffe** *to meet*)	*again!*
kino *cinema* (en)	

3
PÅ VEI TIL NORGE
On the way to Norway

In this unit you will learn

- how to say what you would like to eat
- what sort of food you are likely to get in Norway
- how to get to grips with Norwegian driving regulations
- how to say **skål!**

 ——————— **Tekst 1 (*Text 1*)** ———————

Tirsdag 4 juli (**tirsdag fjerde juli** = *Tuesday, the fourth of July*)
Bente and John are travelling to Norway. As they want to go to Oslo, the Capital of Norway, they take the ferry from Harwich to Gothenburg in Sweden. From there they will go on John's motorbike. In this unit they are on the overnight ferry. Read the following passage through several times, and then do the **True or false?** exercise which follows the vocabulary.

> Bente og John er på vei til Norge. De reiser ikke med fly. De reiser med ferge fra Harwich til Gøteborg i Sverige. Så skal de kjøre til Oslo på Johns motorsykkel. Det er ingen ferger fra England til Oslo.

Fergen til Gøteborg tar tjuetre timer.
Det er en stor ferge med plass til mange passasjerer, biler, laste-
biler og busser.
Det er to restauranter, en kafeteria og mange barer ombord.
Bente og John har en liten lugar med to køyer.
Nå er de sultne og tørste, og de vil gjerne spise en god middag.

de *they*	**restauranter** *restaurants*
ingen *no / none*	(**en restaurant** *a restaurant*)
ferger *ferries*	**kafeteria** *cafeteria* (en)
(**en ferge** *a ferry*)	**barer** *bars*
tjuetre *23*	(**en bar** *a bar*)
timer *hours* (**en time** *an hour*)	**ombord** *on board*
plass *space / spot* (en)	**liten** *small*
mange *many*	**lugar** *cabin* (en)
passasjerer *passengers*	**køyer** *bunks*
(**en passasjer** *a passenger*)	(**en køye** *a bunk*)
biler *cars* (**en bil** *a car*)	**sultne** *hungry* (**sulten**)
lastebiler *lorries*	**tørste** *thirsty*
(**en lastebil** *a lorry*)	**spise** *eat*
busser *buses*	(**å spise** *to eat*)
(**en buss** *a bus*)	**middag** *dinner* (en)

Sant eller usant? 1

(a) Bente og John reiser med et stort fly til Norge.
(b) Det er plass til lastebiler og busser på fergen.
(c) De har en lugar med to køyer.
(d) De vil gjerne spise middag nå.

Samtale 1

I restauranten (*In the restaurant*)

Bente Jeg liker å spise på restaurant! Dette er en fin restaurant.
Her kan vi spise koldtbord. Det er typisk skandinavisk!

John Det er mye god mat her! Jeg liker fisk og reker!

Bente Og jeg liker kjøtt og salater! Vi kan være her i mange timer.
Du kan ta så meget mat du vil.

John   Dette er et godt bord. Vi skal ha en flaske vin også. Vil du ha rødvin eller hvitvin?

Bente Jeg liker hvitvin best. I Norge må du huske at det er strengt forbudt å drikke alkohol når du skal kjøre. Du må alltid ha sertifikatet med deg, og du må passe på fartsgrensen. Og så må du huske å kjøre på høyre side av veien. Du må ikke glemme å ha lys på når du kjører, selv om det er sol!

John   Er det ikke mer jeg må huske?

Bente Er ikke dette nok?

John   Glem det! Nå skal vi spise og drikke godt.

Bente Og så skal vi si 'Skål' for en god ferie i Norge!

dette	*this*	**forbudt**	*forbidden*
fin	*fine*	**drikke**	*drink* (**å drikke** *to drink*)
her	*here*	**alkohol**	*alcohol*
koldtbord	*cold buffet* (et)	**alltid**	*always*
bord	*a table* (et)	**sertifikat**	*driving licence* (et)
typisk	*typical*	**passe**	*mind/look after*
skandinavisk	*Scandinavian*	**å passe**	*to mind/look after*
mye	*much*	**fartsgrense**	*speed limit* (en)
mat	*food* (en)	**høyre**	*right*
fisk	*fish* (en)	**side**	*side* (en)
reker	*prawns* (**en reke** *a prawn*)	**av**	*of*
kjøtt	*meat*	**glem**	*forget* (**glem!** imperative)
salater	*salad* (**en salat** *a salad*)	**å glemme**	*to forget*
meget	*much*	**lys**	*light* (et)
flaske	*bottle* (en)	**selv om**	*even if*
vin	*wine* (en)	**sol**	*sun/sunshine* (en)
rødvin	*red wine*	**mer**	*more*
hvitvin	*white wine*	**nok**	*enough*
best	*best*	**si**	*say* (**å si** *to say*)
huske	*remember*	**godt**	*well*
(**å huske** *to remember*)		**Skål!**	*Cheers!*
strengt	*strictly*		

A useful expression

Det er sol.   *It is sunny.*

Sant eller usant? 2

(a)   John liker reker og fisk.

(b)   Bente liker rødvin best.

(c)   I Norge må du alltid ha med sertifikatet når du kjører.

(d)   John må ikke glemme å kjøre på høyre side av veien.

Samtale 2

Onsdag 5 juli (**onsdag femte juli** = *Wednesday, the fifth of July*)
The next morning on the ferry Bente sees some friends, and she introduces them to John. They all start thinking about breakfast.

Bente	Hei, Solveig og Kjell! Skal dere også tilbake til Norge?
Solveig og Kjell	Morn, morn! Ja, nå skal vi ha en lang ferie i Nord-Norge.
Bente	Dette er min venn, John. Han er engelsk, men han snakker litt norsk. John, dette er mine venner, Solveig og Kjell.
John	Hei! Hyggelig å treffe dere.
Solveig og Kjell	Hei, John! Hvordan har du det?
John	Fint, takk. Men nå er jeg sulten.
Kjell	Jeg er også sulten. Skal vi spise frokost sammen?
Bente	Det vil vi gjerne. Jeg er veldig sulten!
Solveig	Vi betaler når vi går inn i restauranten, og så kan vi spise så meget vi vil.
John	Jeg vil gjerne ha et kokt egg og ristet brød med marmelade.
Solveig	Og jeg vil ha sild og en stor kopp kaffe!
Bente	Jeg tror ikke jeg vil ha sild til frokost. Jeg vil heller ha rundstykker med ost og pølse og mange kopper kaffe. Og et stort glass melk. Jeg er veldig tørst.
John	Tror dere jeg kan få en kopp god, engelsk te?
Bente	Nei, det tror jeg ikke!

dere	*you* (plural)	**å betale**	*to pay*
tilbake	*back*	**inn i**	*into*
lang	*long*	**kokt**	*boiled*
venn	*friend* (en)	**egg**	*egg* (et)
snakker	*talk / talks*	**ristet**	*toasted*
å snakke	*to talk*	**brød**	*bread* (et)
litt	*a little*	**marmelade**	*marmalade* (en)
mine	*my* (plural)	**sild**	*herring* (en) (usually means
venner	*friends*		pickled herrings)
frokost	*breakfast* (en)	**tror**	*believe/think*
veldig	*very*	**å tro**	*to think/believe*
betaler	*pay*	**heller**	*rather*

rundstykker *bread rolls*	**en pølse** *a sausage*
et rundstykke *a bread roll*	**melk** *milk* (en)
ost *cheese*	**få** *get / receive*
en ost *a cheese*	**å få** *to get /receive*
pølse *sausage / salami*	**te** *tea* (en)

Sant eller usant? 3

(a) Bente treffer venner på fergen.
(b) De vil ikke spise frokost.
(c) John vil gjerne ha rundstykker med ost til frokost.
(d) Bente vil heller ha ristet brød med marmelade.

As you have seen, there are many new words in this unit. It is a good idea to make your own vocabulary lists, perhaps listing nouns with genders (**en ferge** = *a ferry*) (**et sertifikat** = *a driving licence*), and verbs in infinitive (**å spise** = *to eat*) and in the present tense (**jeg / du / vi spiser** = *I / you / we eat*) to give you some examples.

———————— Slik sier vi det ————————

- Here are some expressions for likes and dislikes, and also how to ask for something:

  Jeg liker sild og poteter.   *I like sild and potatoes.*
  Jeg liker hvitvin.   *I like white wine.*
  Jeg liker akevitt bedre.   *I like aquavit better.*
  Jeg vil gjerne ha en stor porsjon   *I would like a big portion*
    med reker.   *of prawns.*

- **Kan jeg få...** means *may I have* and is a perfectly polite way of asking for something.

  Kan jeg få et glass vann?   *May I have a glass of water?*

  Do you remember?

  et glass vann   *a glass **of** water*

- Jeg tror ikke jeg vil ha...   *I don't think I will have...*
  Jeg liker ikke...   *I don't like...*
  Jeg vil heller ha...   *I would rather have...*

 ─────── **Grammatikk** ───────

1 Word order

The person or thing carrying out the action of the verb in a sentence is called the subject of the sentence. Usually the subject comes first in a sentence: **De reiser til Norge.** *They travel to Norway.*

But, if the sentence starts with one of the little words like **nå** or **så**, or an expression like **i morgen** or **i sommer**, or with a *dependent clause*, the subject and the verb change places.

(*a*) De reiser til Norge.   *They travel to Norway.*

If you start that sentence with **nå**, the subject and verb change places:

Nå reiser de til Norge.   *Now they travel to Norway.*

(*b*) De reiser til Norge i sommer.   *They travel to Norway this summer.*

If you start with **i sommer**, the subject and verb change places:

I sommer reiser de til Norge.   *This summer they travel to Norway.*

(c) De skal spise når de kommer.   *They'll eat when they*
                                    come / arrive.

If you start with the *dependent* or *subordinate*, the subject and verb change place in the main clause:

Når de kommer, skal de spise.   *When they come / arrive,*
                                 they'll eat.

Look out for word order in the dialogues!

2 Nouns (plural)

In the text and dialogues at the beginning of this unit, there are many examples of plural nouns – when there is more than one of something.

en bil	*a car*	biler	*cars*
en buss	*a bus*	busser	*buses*
et hotell	*a hotel*	hoteller	*hotels*

The plural of indefinite nouns is formed by adding -**er** at the end of the noun. If the word already ends with an -**e**, you just add -**r**.

Short (one syllable) **et**-words take no ending in the plural (with one or two exceptions):

et bord	*a table*	bord	*tables*
et kurs	*a course*	kurs	*courses*

This form of plural can be called the indefinite plural.

3 Adjective + noun (part 2)

In Unit 2, you saw how the ending of the adjective depends on whether it is accompanying an **en**-word or an **et**-word. In Norwegian, the adjective must be watched! The ending also depends whether the noun is singular or plural (one or many) and whether it is indefinite (*a / an*) or definite (*the*).

Take a noun:	en bil	*a car*
Add an adjective:	en stor bil	*a big car*

Indefinite singular

en bil	*a car*
en stor bil	*a big car*
et kart	*a map*
et stort kart	*a big map*

Definite singular

bilen	*the car*
den store bilen	*the big car*
kartet	*the map*
det store kartet	*the big map*

Indefinite plural

mange biler	*many cars*
mange store biler	*many big cars*
mange kart	*many maps*
mange store kart	*many big maps*

Look carefully at the endings of the adjectives.

The definite singular is the really difficult one. Here you have the plural ending of the adjective, and in addition to the definite ending for the noun, you have a definite article as well! Note that in the definite singular you must use a separate definite article only when you have an adjective with the noun: The definite article **den/det** (*the*) is only used when there is an adjective before the noun.

The adjective takes the plural form, and you still have the definite ending of the noun. Remember these examples that illustrate this ruling:

Bente drikker vinen.	*Bente drinks the wine.*
Bente drikker den gode vinen.	*Bente drinks the good wine.*

The combination of adjective and noun is tricky to start with. Don't worry, it will soon make sense! Most people cope with it, but it does need some practice.

4 Liten *(small)*

One useful, but very irregular adjective is **liten** (*small*).

| en **liten** bil | den **lille** bilen | mange **små** biler |
| et **lite** glass | det **lille** glasset | mange **små** glass |

 ───────────── **Øvelser** ─────────────

1 Write out the following nouns in the indefinite form as in the list below, in the definite singular (*the*) and the indefinite plural:

Example: en bil, **bilen, mange biler**

(a) en kopp
(b) et glass
(c) en ferge
(d) et bord
(e) en time
(f) en middag

2 Now do the same, this time adding an adjective:

Examples: en stor bil, **den** store bil**en**, mange store bil**er**
  et stor**t** hotell, **det** store hotel**et**, mange store hotell**er**

(a) en tørst student
(b) en sulten dame
(c) et norsk pass
(d) et engelsk sertifikat
(e) en liten bil
(f) et lite glass

3 Replace the verbs in the present tense in brackets below with a *helping verb* + the correct infinitive:

Example: John **drikker** et glass øl. John **vil drikke** et glass øl.

(a) Bente (**spiser**) ___ reker.
(b) Studenten (**lærer**) ___ norsk.
(c) Han (**reiser**) ___ til Oslo.
(d) Hun (**kjører**) ___ fra Sverige til Norge.

4 Word order: Are the following phrases statements (S) or questions (Q)? (Question marks have been left out).

(a) Fergen tar mange passasjerer.
(b) Hva heter han.

(c) Er hun norsk.
(d) Bente er au pair.
(e) Er John student.
(f) Kommer Bente fra York.

5 Make the following statements negative by using **ikke** (remember this is like English – see **Grammatikk 7** in Unit 1):

Examples: John er norsk. John er **ikke** norsk.
Kari vil ha et glass øl. Kari vil **ikke** ha et glass øl.

(a) Bente kommer fra Bergen.
(b) Fergen har mange passasjerer.
(c) Studenten lærer engelsk.
(d) Kari er sulten.
(e) Hun spiser en god middag.

6 Wordsearch: Find the hidden Norwegian words – they can be up, down or across! (There are ten words.)

D	W	R	E	K	E	R	Q	F	I	S	K
L	X	C	P	J	Q	P	K	A	F	F	E
I	E	B	R	Ø	D	O	O	Q	X	Z	W
S	A	L	A	T	D	R	Ø	D	V	I	N
M	R	G	R	T	D	Z	L	E	Q	I	N
M	M	A	R	M	E	L	A	D	E	E	M

If you get stuck, here are the English translations of the ten words: *prawns, coffee, salad, beer, marmalade, meat, fish, bread, herring* and *red wine*.

Hva du trenger å vite

Regulations for driving in Norway:

Du må alltid ha med deg sertifikat.	*You must always bring your driving licence with you.*
Du må alltid kjøre med lys på.	*You must always drive with headlights on.*
Du må kjøre på høyre side.	*Drive on the right side.*
Du må passe på fartsgrensen.	*Keep to the speed limit.*
Du må ikke drikke alkohol.	*Don't drink!*

To say **skål** in Norway is an old custom.

- You lift your glass to someone in your party, saying that person's name.
- You then say **skål**! and, looking each other in the eye, you both sip your drinks.
- Keep eye-contact until your glass is resting on the table.

In earlier days, when people were more formal, and would say **De** rather than **du**, as well as using surnames, saying **skål** was a way of agreeing to drop formalities and be on first-name terms. It is also a lovely – and acceptable – way of conveying feelings. Try it! It is good fun.

On family occasions, big and small, on all formal occasions and on Norway's national day, the 17th of May (**Syttende Mai**), there will be several times when somebody will say:

Skål
Skål for Norge!

Skål for brudeparet!   *Cheers for the wedding couple!*
Skål for Kari

and so on.

Then all will lift their glasses and drink together.

Koldtbord (*cold buffet*) is an institution in Scandinavia. Many of the dishes are the same across Scandinavia, but each country also has its own specialities.

At a Norwegian **koldtbord**, whether on a passenger ferry, in a restaurant or at a party, many of these dishes will be found:

røkelaks	smoked salmon
gravlaks	cured salmon
kokt laks	poached salmon
sild	pickled herring in many variations: **tomatsild, dillsild, sursild** (herring and raw onions in a sweet and sour brine)
reker	prawns, usually in their shells and always very fresh
roastbiff	cold, thinly sliced, rare fillet of beef
italiensk salat	Italian salad, much like coleslaw, but with chopped ham

plus a variety of salads, hard-boiled eggs with fillings, cold chicken and so on.

To drink with this, one should really have a good glass of beer and a good measure of **akevitt**, the excellent and well matured potato brandy known in English as aquavit.

There will also be:

ost	*cheese*
frukt	*fruit*

and some desserts, usually:

karamellpudding	creme caramel
gele	jelly
sjokoladepudding	chocolate mousse
vaniljesaus	custard

Forstår du?

You are on the coach to the airport, and you find yourself next to a girl who is reading a Norwegian book. You want to practise your Norwegian so you start talking to her:

Du (Translate!) *Where are you going?*

Hun Jeg skal reise med fly til Norge.

Du *Are you Norwegian?*

Hun Ja, jeg kommer fra Trondheim.

Du *Where is Trondheim?*

Hun Trondheim er en stor by nord for Oslo. Jeg skal reise med tog fra Oslo til Trondheim. Det tar åtte timer.

Du *I'm going to Norway too. I shall be in Oslo from Tuesday to Saturday.*

Hun Hvor skal du reise på lørdag?

Du *I shall travel over the mountain to Bergen. Next Wednesday I shall travel to America.*

Hun Hva heter du?

Du (Say your name.) *And you?*

Hun Jeg heter Hilde. Jeg skal møte min tante på flyplassen.

by *town / city* (en)	**neste** *next*
nord *north*	**Amerika** *America*
fjell *mountain* (et)	**flypass** *airport* (en)

4
SIGHTSEEING I OSLO
Sightseeing in Oslo

In this unit you will learn

- what to see first in Oslo
- how to express left and right, and understand directions
- how to get around in Oslo
- how to show your feelings about the sights

—————————————— Samtale 1 ——————————————

Onsdag 5 juli (**onsdag femte juli** = *Wednesday, the fifth of July*)
Bente and John got themselves to Oslo without any mishaps. Now
they are in the centre of Oslo.

Bente og John er i Oslo. De går i de lange gatene og ser seg om. De
går til Aker Brygge. Her drikker de øl og spiser reker på en ute-
restaurant. Solen skinner og sjøen er blå.

Bente Ser du de to brune tårnene der borte? De likner to store,
brune geitoster. Det er Rådhuset.
John Er det en festning som jeg ser der borte?
Bente Ja, det er den gamle festningen som heter Akershus.
John Bor Norges konge på Akershus?
Bente Nei, kongen og dronningen bor på Slottet. Det er der de
arbeider også. De har et stort hus i Asker, ikke langt fra
Oslo, og der liker de best å bo.

John Jeg vil gjerne se Akershus og Rådhuset.
Bente Først skal vi se Slottet, og så kan vi ta trikken til Frognerparken.
John Jeg vil gjerne kjøre med en av de blå trikkene.

Så går de til Slottet. Det er en stor, gul bygning som ligger i en vakker, grønn park. Etterpå tar de trikken til Frognerparken.

gatene *the streets* (en gate)	**gamle** *old* (**gammel**)
ser seg om *look around*	**konge** *king* (en)
brygge *quay*	**dronningen** *the queen* (en)
her *here*	**Slottet** *the Palace* (et)
ute *out/outside*	**arbeider** *work/works* (å arbeide)
skinner *shine/shines* (å skinne)	**stort** *large/big* (stor)
sjøen *the sea* (en)	**hus** *house* (et)
blå *blue*	**langt** *far*
brune *brown* (plural)	**først** *first*
(**brun** *brown*)	**trikken** *the tram* (en)
tårnene *the towers* (et tårn)	**gul** *yellow*
der *there*	**bygning** *building* (en)
borte *away*	**ligger** *lie/lies* (**å ligge** *to lie*)
der borte *over there*	**vakker** *beautiful*
likner *look/looks like* (å likne)	**grønn** *green*
geitoster *goat-cheeses* (en geitost)	**park** *park*
Rådhuset *the City Hall* (et)	**etterpå** *afterwards*
festning *castle* (en)	

As you should now be growing confident with the use of the indefinite and definite articles, and with the verb forms, the word lists from here won't repeat the translation of a noun in its singular form given in brackets if the main entry is in the plural, nor the translation of the infinitive form given in brackets after the verb part and its translation. For nouns listed in the definite form, the indefinite form will be shown if it is not obtained by removing **-en** or **-et** from the definite. It's a good idea to learn the singular and plural forms of a noun at the same time, and the verb infinitives.

Sant eller usant? 1

(*a*) John og Bente drikker kaffe på en ute-restaurant.
(*b*) Norges konge bor på Akershus festning.
(*c*) Dronningen bor på Rådhuset.
(*d*) Det er sol.

Samtale 2

På trikken (*On the tram*)

John and Bente are on their way to Frogner Park, using the tram.

John Jeg liker å kjøre med trikken. Oslo er en pen by.
Bente Bergen er bedre! Men Oslo er også en fin by. Du kan se mye av byen fra trikken. Til høyre kan du se Slottet og den pene parken som er åpen for alle.
John Hva heter Norges konge og dronning?
Bente De heter Harald og Sonja.
John Hva er den store bygningen til venstre?
Bente Det er den amerikanske ambassaden.
John Hvor er den britiske ambassaden?
Bente Du kan ikke se den fra trikken. Vi kan gå dit i morgen.
John Det er mye å se i Oslo. Det er godt vi har mange dager!
Bente Ja, det er det. Men se! Nå kommer vi til Frognerparken. Vi skal gå av trikken her.

pen	*pretty/good-looking*	**amerikanske**	*American*
mye	*much*	**ambassaden**	*the embassy* (en
bedre	*better*		ambassade)
god	*good*	**britiske**	*British*
åpen	*open*	**den**	*it*
alle	*everybody/all*	**dit**	*there*
venstre	*left*	**gå av**	*get off*

Sant eller usant? 2

(a) Norges konge heter Harald.
(b) Den amerikanske ambassaden er til høyre.
(c) John liker å kjøre med trikken.
(d) John og Bente tar trikken til Akershus festning.

Samtale 3

I Frognerparken (*In Frogner Park*)

John	Hvem har laget alle disse skulpturene?
Bente	Det er Gustav Vigeland. Han har laget alle skulpturene, fontenene, portene og den store monolitten.
John	Skulpturene er litt store og tykke, synes jeg.
Bente	Jeg liker dem. Jeg liker best bronse-skulpturene som er på broen.
John	Jeg liker den lille, sinte gutten best!
Bente	Ja, han er søt. Jeg synes at han likner på deg!
John	Og jeg synes at den store, tykke piken der likner på deg! Hun liker sikkert også mye mat!
Bente	Jeg er ikke så tykk!
John	Nei, du er søt. Og jeg liker deg.
Bente	Vi må se de store granitt-skulpturene rundt monolitten også. Og nå er jeg sulten igjen!
John	Og jeg er tørst. Jeg vil gjerne ha et stort glass vann.

hvem	*who*	**synes**	*think/to be of the opinion*
laget	*made* (å lage)		(å synes)
disse	*these*	**bronse**	*bronze*
skulpturene	*the sculptures*	**broen**	*the bridge* (en)
	(en skulptur)	**sinte**	*cross* (**sint** *cross*)
fontenene	*the fountains*	**gutten**	*the boy* (en)
	(en fontene)	**søt**	*sweet*
portene	*the gates* (en port)	**piken**	*the girl* (en pike)
monolitten	*the monolith* (en)	**sikkert**	*surely*
granitt	*granite* (en)	**rundt**	*around*
dem	*them*	**igjen**	*again*
tykke	*fat* (**tykk** *fat*)	**vann**	*water* (et)

Sant eller usant? 3

(a) Gustav Vigeland har laget alle skulpturene i Frognerparken.
(b) John synes at Bente likner på den lille, sinte gutten.
(c) Bente liker bronse-skulpturene best.
(d) De store granitt-skulpturene er rundt monolitten.

—————————— **Slik sier vi det** ——————————

Here is a list of useful expressions, of questions and answers, from this unit:

- Hvor ligger Slottet?   *Where is / lies the Palace?*
  Slottet er til høyre.   *The Palace is to the right.*
  Slottet ligger til høyre.   *The Palace is / lies to the right.*

- Hvor er Akershus festning?   *Where is Akershus festning?*
  Akershus ligger til venstre.   *Akershus is / lies to the left.*
  Du ser Akershus til venstre.   *You see Akershus to the left.*

- Hvor er Rådhuset?   *Where is the City Hall?*
  Til venstre ser du Rådhuset.   *To the left is the City Hall.*
  Du ser Rådhuset til venstre.   *You see the City Hall to the left.*

- Kan du se Frognerparken?   *Can you see Frognerparken?*
  Den er der borte.   *It is over there.*
  Du ser den der borte.   *You see it over there.*

- Hvor er fontenen?   *Where is the fountain?*
  Den er der borte til venstre.   *It is over there to the left.*
  Du ser den der borte til venstre.   *You see it over there to the left.*

- And some opinions you might have or overhear!

  Jeg liker den lille skulpturen.   *I like the small statue / sculpture.*
  Jeg synes at den pene piken   *I think that the pretty girl*
  er best.   *is best.*
  Jeg vil gjerne se   *I would like to see the*
  Holmenkollbakken.   *Holmenkoll ski-jump.*
  Jeg liker å reise med trikken.   *I like to go / travel by tram.*

  Jeg liker ikke den store   *I don't like the big granite*
  granitt-skulpturen.   *sculpture.*
  Jeg synes ikke at Oslo er en   *I don't think Oslo is a*
  pen by.   *beautiful city.*
  Jeg synes ikke at kaffen er god.   *I don't think the coffee is good.*
  Jeg synes at det er kjedelig   *I think it is boring to go by tram.*
  å ta trikken.
  Jeg synes at Frognerparken   *I think the Frognerpark*
  er kjedelig!   *is boring!*
  Jeg vil heller reise til Amerika!   *I would rather go to America!*

Grammatikk

1 Nouns: definite plural

In Unit 3 you looked at nouns in the indefinite and the definite singular, and in the indefinite plural. Here is a quick reminder:

Indefinite singular:	en bil	*a car*	(any one car)
Definite singular:	bilen	*the car*	(one particular car)
Indefinite plural:	biler	*cars*	(cars in general – more than one)

The final form of the noun is the definite plural:

Definite plural:	bilene	*the cars*	(some particular cars – more than one)

Bilene er store.   *The cars are big.*

The definite plural is formed by adding **-ene** to the noun. This rule covers both **-en** and **-et** words.

et kart	*a map*
kartet	*the map*
kart	*maps*
kartene	*maps*

(Did you remember that short **-et** words have no added ending in the indefinite plural? E.g. **et kart, mange kart**)

2 Adjective and noun (part 3)

This is the final part about the adjective and noun combination. Here's the definite plural: **bilene** (*the cars*).

Bilene er der.	*The cars are there.*
De store bilene er der.	*The big cars are there.*

In the definite plural – just as in the definite singular – there is a definite article as well as the definite ending when the noun is preceded by an adjective.

Bil**ene**.	***The*** *cars.*
De store bil**ene**.	***The*** *big cars.*

There will be many exercises for you to practise, as well as reminders. It is a good idea to follow a pattern like this:

Singular		Plural	
Indefinite	**Definite**	**Indefinite**	**Definite**
en bil	bilen	biler	bilene
en stor bil	den store bilen	store biler	de store bilene
et kart	kartet	kart	kartene
et stort kart	det store kartet	store kart	de store kartene

Take a little time to study this table.

Do you remember this awkward adjective mentioned in Unit 3? **Liten** (*small*)

en liten bil	den lille bilen
et lite kart	det lille kartet
små biler	de små bilene
små kart	de små kartene

3 Important points

● In Norwegian (as in Swedish and Danish), there is no separate definite article unless there is an adjective in front of the noun.

bil**en**	*the car*	bil**ene**	*the cars*
den store bil**en**	*the big car*	**de** store bil**ene**	*the big cars*

● When an adjective precedes the noun, you must have a definite article as well as the definite ending of the noun.

Note the adjective endings:

en **stor** bil	den **store** bilen	**store** biler	de **store** bilene
et **stort** kart	det **store** kartet	**store** kart	de **store** kartene

4 Adjectives

Here are three columns showing the adjectives you have had so far.

The first column has adjectives in the form used with **-en** words in the indefinite singular, e.g. **en stor bil**.

The second column has adjectives as used with **-et** words in the indefinite singular: e.g. **et stort glass**.

The third column has adjectives as used in the definite singular and both definite and indefinite plural for all nouns: e.g.

| den store bilen | store biler | de store bilene |
| det store glasset | store glass | de store glassene |

Indefinite Singular **-en**	Indefinite Singular **-et**	Definite Singular + Indefinite and Definite Plural	
brun	brunt	brune	*brown*
fin	fint	fine	*fine*
god	godt	gode	*good*
gul	gult	gule	*yellow*
hard	hardt	harde	*hard*
lang	langt	lange	*long*
pen	pent	pene	*pretty*
sint	sint	sinte	*cross*
søt	søt	søte	*sweet*
tørst	tørst	tørste	*thirsty*

(*a*) Nationalities do not take a **-t** for **-et** words:

amerikansk	amerikansk	amerikanske	*American*
engelsk	engelsk	engelske	*English*
norsk	norsk	norske	*Norwegian*
skandinavisk	skandinavisk	skandinaviske	*Scandinavian*

(*b*) Adjectives ending with **-ig** do not take a **-t** for **-et** words:

| hyggelig | hyggelig | hyggelige | *nice / pleasant* |
| kjedelig | kjedelig | kjedelige | *boring* |

(*c*) Most adjectives with a double consonant drop one before the **-t**:

| grønn | grønt | grønne | *green* |
| tykk | tykt | tykke | *thick / fat* |

(*d*) Adjectives ending in **-el**, **-en** and **-er** are slightly irregular in the definite singular and the plural:

gammel	gammelt	gamle	*old*
sulten	sultent	sultne	*hungry*
vakker	vakkert	vakre	*beautiful*

(e) Some adjectives are just irregular:

| blå | blått | blå | *blue* |

Here are examples from each group:

(a) en gul bil	den gule bilen	gule biler	de gule bilene
et brunt hus	det brune huset	brune hus	de brune husene
(*house*)			
en engelsk gutt	den engelske gutten	engelske gutter	de engelske guttene
(*boy*)			
et norsk kart	det norske kartet	norske kart	de norske kartene
(b) en hyggelig pike	den hyggelige piken	hyggelige piker	de hyggelige pikene
(*girl*)			
et kjedelig kurs	det kjedelige kurset	kjedelige kurs	de kjedelige kursene
(c) en grønn kopp	den grønne koppen	grønne kopper	de grønne koppene
et grønt glass	det grønne glasset	grønne glass	de grønne glassene
(d) en sulten dame	den sultne damen	sultne damer	de sultne damene
et gammelt fly	det gamle flyet	gamle fly	de gamle flyene
(e) en blå trikk	den blå trikken	blå trikker	de blå trikkene
et blått tog	det blå toget	blå tog	de blå togene
(*train*)			

Keep this list handy when you do exercises involving adjectives. You will discover more as you progress on the course.

5 Relative pronouns (who/which/that)

The relative pronoun is very easy in Norwegian. It is quite simply **som**, regardless of whether it is referring to people, animals or objects. **Som** = *who / which / that*.

Jeg ser en student. Han heter Per. *I see a student. He is called Per.*
Jeg ser en student som heter Per. *I see a student who is called Per.*

De tar trikken. Den går   *They take the tram. It goes*
til Slottet.   *to the Palace.*
De tar trikken som går   *They take the tram that goes*
til Slottet.   *to the Palace.*

Trikken som går til   *The tram which goes to the*
Frognerparken, er stor.   *Frogner Park is big.*

6 her – hit = *here;* der – dit = *there*

There are two words meaning *here* and two words meaning *there*. You use **her** and **der** when there is no movement; when someone or something is simply at a place:

Jeg er her.	*I am here.*
John sitter der.	*John sits there.*

You use **hit** and **dit** when there is movement:

Han reiser dit.	*He travels there.*
Bente kommer hit.	*Bente comes here.*

 ——————— **Øvelser** ———————

1 Write out the following nouns in the four forms in the order which you see above. The first has been done for you.

	Indefinite Singular	Definite Singular	Indefinite Plural	Definite Plural
(*a*)	en buss	bussen	busser	bussene
(*b*)	en trikk	_____	_____	_____
(*c*)	et fly	_____	_____	_____
(*d*)	et tog	_____	_____	_____
(*e*)	en lastebil	_____	_____	_____
(*f*)	en ferge	_____	_____	_____

2 Do the same, but this time with an adjective:

	Indefinite singular	Definite singular	Indefinite plural	Definite plural
(*a*)	en stor buss	den store bussen	store busser	de store bussene
(*b*)	en gul trikk	_____	_____	_____
(*c*)	et stort fly	_____	_____	_____
(*d*)	et fint tog	_____	_____	_____
(*e*)	en grønn lastebil	_____	_____	_____
(*f*)	en god ferge	_____	_____	_____

3 Fill the gaps to create a pattern as in **1** above:

(a)	en dame	_____	damer	_____
(b)	_____	studenten	studenter	_____
(c)	en skole		_____	
(d)	_____	_____	_____	husene
(e)	et kurs	_____	_____	_____
(f)	_____	_____	kopper	_____
(g)	_____	flasken	_____	_____

4 Link the two sentences with **som**:

Example: Jeg ser en student. Han heter John.
Jeg ser en student som heter John.

(a) Det er et stort hus. Det ligger i en grønn park.
(b) De tar trikken. Den går til Frognerparken.
(c) Solen skinner på sjøen. Den er blå.
(d) Bente spiser mange reker. De er gode.

5 Don't forget the word order!

De tar trikken til Frognerparken etterpå. Etterpå tar de trikken til Frognerparken: →	*They take the tram to Frognerparken afterwards.* The sentence starts with an adverb.
Du kan se Slottet til høyre. Til høyre kan du se Slottet. →	*You can see the Palace to the right.* The sentence starts with a preposition phrase.

Start these sentences with **nå** and adjust the word order:

(a) Vi kommer til Frognerparken.
(b) Vi skal spise reker.
(c) John og Bente går til Aker Brygge.

Start these sentences with **til venstre**:

(d) Du kan se den britiske ambassaden.
(e) Vi ser Slottet.
(f) John ser en restaurant.

6 Put in the correct word for *here* and *there* in the empty spaces:

(a) John går ___.
(b) Frognerparken ligger ___.
(c) Bente sitter ___.
(d) Trikken kjører ___.

7 Use the table of adjectives on page 55 and fill in the gaps:

(a) Jeg har en ___ bil.
(b) Den ___ fergen går til Sverige.
(c) Kari spiser mange ___ reker og drikker en ___ kopp kaffe.
(d) De ___ husene ligger i den ___ gaten.

8 Here is a map of Oslo. You are at Aker Brygge looking towards Rådhuset. Now answer the questions:

(a) Er Akershus til høyre eller venstre for Rådhuset?
(b) Er Frognerparken på høyre eller venstre side av kartet?
(c) Er Slottet i en liten park?

9 You are in Oslo. A passer-by asks you the following directions:

(a) The best way to go from Rådhuset to Slottet. Give directions in Norwegian.

(b) The way from Slottet to Frognerparken, telling him/her when to turn left or right.

(c) Find the shortest route from Aker Brygge to Oslo S (Oslo Sentralstasjon – the central railway station).

Hva du trenger å vite

Oslo is the capital of Norway (look at the town centre map on page 59). It is situated at the end of the Oslo-fjord in south-east Norway, and has about 500,000 inhabitants.

The biggest tourist attraction by far is **Frognerparken** (Frogner Park), also called **Vigeland-parken** (Vigeland Park), after Gustav Vigeland, who designed the lay-out of the park, as well as making the hundreds of granite and bronze sculptures, the wrought-iron gates and the massive monolith.

He spent about 40 years on this, and was given a free hand, sponsored by Oslo City Council. The park is open day and night, and as well as the sights, it is a favourite place for picnics and sunbathing in the summer, and skiing and ice-skating in winter.

The old wharves and warehouses in front of the City Hall have been transformed into restaurants, shops and pleasure boat berths. This is called **Aker Brygge**.

Sinnataggen (*the cross boy statue*) is one of the better known bronze statues in the Frogner Park. You'll find it on a bridge within the park.

Other places of interest are the old castle, **Akershus**, with its interesting museum from the Second World War, the cathedral with its beautiful murals, the Holmenkollen ski-jump, and the Viking ships, the Kontiki raft, the polar ship *Fram* and the huge open-air folk museum at Bygdøy.

And not to be missed is the Edvard Munch museum! Some people think that Edvard Munch's paintings are the most interesting things to be seen in Oslo.

Getting around by public transport is a cheap and worthwhile way of sightseeing. You can buy your ticket from the tram or bus driver, and the price is the same for any distance travelled.

It is a good idea to buy a **flexi** card from any kiosk. You get four, or eight, journeys on one card. On entering the tram, you insert the card into a franking machine, and you can then travel and change tram/bus/underground train as much as you like for more than one hour, as long as you get on your last vehicle within the time printed on your card by the machine.

By far the cheapest way to see Oslo, if you intend going to some of the museums, is to buy an **Oslo card**. For a very modest sum you can travel freely on public transport, including the fjord ferries, and have free entrance to museums and other attractions for one day. Start early as there is a lot you can do in one day in Oslo!

 ————————— **Forstår du?** —————————

You are in front of the Palace and you speak to an elderly lady:

Du   *Is this the Palace?* (Say it in Norwegian!)
Damen   Ja, dette er Slottet. Synes du det er en pen bygning?
Du   *It is a fine building. Is the King here now?*
Damen   Nei, kong Harald og dronning Sonja er i London. Men du er ikke norsk! Hvor kommer du fra?
Du   *I come from ...*
Damen   Du snakker godt norsk! Liker du å være i Norge?

Du   *Yes, I like the Norwegian food. What is the long street there called?*

Damen   Den heter Karl Johans gate. Den er Oslos hovedgate.

Du   *I would like to go to Frognerparken.*

Damen   Du kan ta den trikken der til Frognerparken. Den går forbi den amerikanske ambassaden.

Du   *Thank you. I think that Oslo is a beautiful city.*

Damen   Ja, når solen skinner! Har du et kart over Oslo?

Du   *Yes, I have a good map. Here it is.*

Damen   Her er Slottet. Trikken stopper der.

Du   *Thank you. I'm going now. Goodbye.*

Damen   Adjø, og på gjensyn!

hovedgate *main street* (en)	**stopper** *stop/stops*	
forbi *past*	**å stoppe** *to stop*	

Top left: Akershus
Top right: Frognerparken
Bottom left to right: Holmenkollen, Rådhuset, Slottet

5
JOHN GÅR TIL BYEN

John goes to town

In this unit you will learn

- how to ask for postcards and stamps
- how to ask for directions
- how to understand Norwegian money
- how to count from ten upwards

─────────────── **Samtale 1** ───────────────

Torsdag 6 juli (**torsdag sjette juli** = *Thursday, the sixth of July*)
Now it is raining. Bente is in a bad mood, so John goes to town on his own. First he wants to buy some postcards and stamps, and he enters a kiosk.

John	God dag. Jeg vil gjerne kjøpe noen kort.
Damen bak disken	Kortene er der borte ved døren. Du kan se hvilke du vil ha.

John går til døren. Der er det et stort stativ med mange kort. John finner åtte pene kort. Han går til disken.

John	Jeg vil gjerne kjøpe disse kortene.
Damen	De store kortene koster åtte kroner hver og de små koster seks kroner. Det er tre store og fem små kort.
John	Hvor kan jeg kjøpe frimerker?
Damen	Vi selger frimerker også. Hvor skal du sende kortene?
John	Jeg skal sende sju kort til England og ett til Bergen.
Damen	Det koster kr. 4,50 for et frimerke til England og kr. 3,50 for post i Norge.
John	Her er hundre kroner.
Damen	Takk, og her har du elleve kroner tilbake.
John	Mange takk. Kan du si meg hvor turistinformasjonen er?
Damen	Vet du hvor Aker Brygge er? Gå ned den gaten der til du nesten er på Aker Brygge. Du vil se en stor, gul bygning på høyre side. Det er turistinformasjonen.
John	Mener du den gaten til høyre?
Damen	Ja, det er ikke langt.
John	Tusen takk. Ha det!
Damen	På gjensyn!

dårlig	*bad*	**stativ**	*stand* (et)
humør	*humour / mood* (et)	**finner**	*find/finds* (å finne)
det regner	*it rains*	**koster**	*cost/costs* (å koste)
vær	*weather* (et)	**kroner**	the Norwegian monetary
alene	*alone*		unit (en krone)
Stortinget	the Norwegian	**frimerker**	*stamps* (et frimerke)
	Parliament	**selger**	*sell/sells* (å selgel)
ved	*by, at, near*	**sende**	*send* (å sende)
Nationalteatret	The National	**for**	*for*
	Theatre (also a bus and tram-stop)	**post**	*post* (en)
kiosk	*kiosk* (en)	**hundre**	*hundred* (et)
kjøpe	*buy* (å kjøpe)	**elleve**	*eleven*
noen	*some*	**turistinformasjonen**	*the tourist*
kort	*postcards* (et)		*information office*
bak	*behind*	**vet**	*know/knows* (å vite)
disken	*the counter* (en)	**ned**	*down*
døren	*the door* (en)	**nesten**	*almost*
hvilke	*which* (plural)	**mener**	*mean/means* (å mene)

Sant eller usant? 1

(a) Bente er i godt humør.
(b) Karl Johans gate er Bergens hovedgate.
(c) John kjøper fem store kort.
(d) De små kortene koster sju kroner hver.

Samtale 2

John finds the Tourist information centre, and speaks to a helpful man.

Mannen Hei! Kan jeg hjelpe deg?

John Ja, takk. Jeg er engelsk, men jeg snakker litt norsk. Jeg vil gjerne vite hva jeg kan se og gjøre i Oslo.

Mannen Her har du en brosjyre. Her kan du se hvilke filmer og teaterstykker som går denne uken. Du kan også se hvilke utstillinger vi har, og åpningstider for museer og utstillinger. Liker du pop-konserter? Du finner alt her.

John Takk. Det er fint. Hvor er Sentralbane-stasjonen?

Mannen Du kan ta trikken dit. Gå til Nationalteatret. Der finner du en trikk til Oslo S. Men du kan også gå dit. Det er ikke langt. Kanskje tjue minutter. Sentralbanestasjonen er i den andre enden av Karl Johans gate.

John Unnskyld, vil du forklare det en gang til?

Mannen Ja, gjerne det. Gå til Nationalteatret. Da ser du Karl Johans gate. Du har Slottet til venstre. Gå til høyre. Gå hele Karl Johans gate. Da kommer du til Oslo S. Her har du et godt kart over Oslo. Og her har du en Oslo-guide.

John Nå vet jeg hvor jeg skal gå. Takk for hjelpen.

Mannen Ingen årsak. Kom tilbake hvis du vil vite mer.

John Morna!

Mannen Morna.

mannen *the man* (en)	**Sentralbanestasjonen** the Central railway station (en stasjon)
smiler *smile/smiles* (å smile)	
ham *him*	**kanskje** *perhaps*
hjelpe *help* (å hjelpe)	**tjue** *twenty*
gjøre *do* (å gjøre)	**minutter** *minutes* (et minutt)
brosjyre *brochure* (en)	**andre** *other*
teaterstykker *plays* (et teaterstykke)	**enden** *end* (en)
denne *this*	**unnskyld** *excuse me*
uke *week* (en)	**forklare** *explain* (å forklare)
utstillinger *exhibitions* (en utstilling)	**gang** *time* (en)
åpningstider *opening times* (en åpningstid)	**en gang til** *once more*
	da *then*
museer *museums* (et museum)	**hjelpen** *the help* (en)
pop-konserter *pop concerts*	**årsak** *reason* (en)
konsert *concert* (en)	**ingen årsak** *no reason* (meaning: 'that's all right'/'don't mention it')
alt *everything/all*	

Sant eller usant? 2

(a) John vil gjerne vite hvor Sentralbane-stasjonen er.
(b) John kan ikke ta en trikk til Oslo S.
(c) Det er kanskje 20 minutter å gå til Oslo S.
(d) Mannen har ikke et kart over Oslo.

———————— **Samtale 3** ————————

John needs some Norwegian money. He goes to the nearest bank.

Damen i kassen	Hei! Kan jeg hjelpe deg?
John	Jeg vil gjerne veksle noen reisesjekker.
Damen	Har du pass?
John	Ja, her er det. Og her er reisesjekkene. Jeg vil gjerne veksle to. De er begge på £100. Og så har jeg £20 som jeg gjerne vil veksle i norske kroner.
Damen	Hva slags sedler vil du ha? Vi har 50, 100, 200, 500 og 1000 kronesedler.
John	Jeg vil gjerne ha en tusen-kroneseddel og resten av pengene i hundre-kroner og i mynter.
Damen	Myntene er på tjue, ti, fem og en krone, og femti øre.
John	Jeg synes de er altfor like hverandre. Det er ikke lett å se hva som er en krone og hva som er tjue kroner!
Damen	Nei, det er sant. Du må passe godt på pengene dine! Vil du skrive navnet ditt på disse sjekkene og på det papiret der.

John skriver navnet sitt på sjekkene og på papiret.

Damen	Takk. Her har du pengene og dette er kvitteringen.
John	Takk for hjelpen. Ha det!
Damen	Ha en hyggelig dag. Morna!

Hun smiler til John. Han går ut av banken.
Det regner og regner.

reisesjekker *traveller's cheques* (en reisesjekk)	**øre** Norwegian monetary unit (en øre) 100 øre = 1 krone
trenger *need/needs* (å trenge)	**altfor** *much too*
penger *money*	**like** *like* (**lik** *like*)
bank *bank* (en)	**hverandre** *each other*
kassen *the till/cashdesk* (en)	**lett** *easy*
veksle *change/exchange* (å veksle)	**sant** *true*
begge *both*	**dine** *your* (plural)
hva slags *what kind of/what sort of*	**skrive** *write* (å skrive)
sedler *bank notes* (en seddel)	**navnet** *the name* (et)
tusen *thousand* (et)	**papir** *paper* (et)
rest *remainder* (en)	**kvitteringen** *the receipt* (en)
mynter *coins* (en mynt)	**ditt** *your/yours* (for **et**-words)

Sant eller usant? 3

(*a*) John trenger ikke å veksle noen reisesjekker.
(*b*) Han vil gjerne ha en tjue-kroneseddel.
(*c*) Myntene er ikke like hverandre.
(*d*) John får en kvittering.

——————— Slik sier vi det ———————

Some useful expressions from this unit:

- Jeg vil gjerne kjøpe ...   *I would like to buy ...*
  Kan jeg få ...   *May I have ...?*

- Kan du si meg hvor ... er?   *Could you tell me where ... is?*
  Vet du hvor ... er?   *Do you know where ... is?*
  Mener du den gaten der?   *Do you mean that street there?*

  Vil du forklare det en gang til?   *Would you explain that once more?*

  Vil du si det en gang til?   *Would you say it once more?*

  Du må gå ned den gaten der.   *You must go down that street there.*

  Gå til venstre bort denne gaten her.   *Go/turn left along this street here.*
  Ta den trikken du ser der borte.   *Take the tram you see over there.*

- Kortene koster 25 kroner.   *The cards cost 25 kroner.*

Det koster kr 4,50 for et frimerke til England.	*It costs kr 4.50 for a stamp to England.*
Det koster kr 3,50 for et frimerke til Trondheim.	*It costs kr 3.50 for a stamp to Trondheim.*

- Jeg vil gjerne veksle noen reisesjekker. — *I would like to cash some traveller's cheques.*
  Jeg trenger norske penger. — *I need some Norwegian money.*
  Jeg har ingen norske penger. — *I have no Norwegian money.*

- Hvor er banken? — *Where is the bank?*
  Hvor er en kiosk? — *Where is there a kiosk?*
  Hvor er Slottet? — *Where is the Palace?*

- Hvor er et toalett? — *Where is a toilet?*

- Takk. — *Thank you.*
  Takk for hjelpen. — *Thank you for the (your) help.*
  Ingen årsak. — *No reason / 'don't mention it'.*

 ——————— **Grammatikk** ———————

1 Demonstratives: this/these, that/those

These words are used in the same way as in English:

denne = *this*	den = *that*
dette = *this*	det = *that*
disse = *these*	de = *those*

The only things to remember are:

Denne is used with **en**-words and **dette** with **et**-words.
Den is used with **en**-words and **det** with **et**-words.

Jeg kjører i denne bilen.	*I drive in this car.*
Hun bor i dette huset.	*She lives in this house.*
Studentene spiser disse rekene.	*The students eat these prawns.*

John går ned den gaten.	*John goes down that street.*
Han ser på det kartet.	*He looks at that map.*
Trikken kjører i de gatene.	*The tram drives in those streets.*

Her is often used with **denne, dette, disse**.
Der is often used with **den, det, de**.

This strengthens the demonstrative:

Jeg kjører i denne bilen her.	*I drive in this car here.*
Hun bor i dette huset her.	*She lives in this house here.*
Studentene spiser disse rekene her.	*The students eat these prawns here.*
John går ned den gaten der.	*John goes down that street there.*
Han ser på det kartet der.	*He looks at that map there.*
Trikken kjører i de gatene der.	*The tram drives in those streets there.*

As you see, **den**, **det**, and **de** have more than one meaning. They are demonstratives as well as definite articles used with adjectives + nouns. Notice the noun still has the end-article.

2 Imperatives

Imperatives are verbs giving orders or commands, and generally tell someone what to do. The version of the verb used to do this is the shortest form. You might remember from Unit 1 (**Grammatikk 5**), that this is called the 'stem'. The stem is the version of a verb used to give commands.

In English the imperative looks like this: *sit!*, *go!*, *drive!*
In Norwegian: **sitt! gå! kjør!**
(The verbs listed as infinitives are: **å sitte, å gå, å kjøre**.)

3 Nouns

As you no doubt remember, the four forms of the noun are:

en bil	bilen	biler	bilene
et hus	huset	hus	husene

This applies if the nouns follow a regular pattern.
Unfortunately some nouns don't follow the normal rule:

en seddel	seddelen	sedler	sedlene	(*banknote*)
en lærer	læreren	lærere	lærerne	(*teacher*)

et teater	teateret	teatre	teatrene	(*theatre*)
en mann	mannen	menn	mennene	(*man*)

There is a complete list of the irregular nouns used in this book at the back, on page 232.

4 og, men, fordi (*and, but, because* – three examples of conjunctions)

Words which are helpful when you want to join sentences together are called conjunctions.

De store kortene koster åtte kroner.	*The big cards cost eight kroner.*
De små kortene koster fem kroner.	*The small cards cost five kroner.*
De store kortene koster åtte kroner **og** de små kortene koster fem kroner.	*The big cards cost eight kroner and the small cards cost five kroner.*
Hilde har bil.	*Hilde has a car.*
Erik har ikke bil.	*Erik doesn't have a car.*
Hilde har bil, **men** Erik har ikke bil.	*Hilde has a car, but Erik doesn't have a car.*
Han drikker øl.	*He drinks beer.*
Han er tørst.	*He is thirsty.*
Han drikker øl **fordi** han er tørst.	*He drinks beer because he is thirsty.*

There is more about conjunctions in Unit 13.

5 Johns motorsykkel (*John's motorbike*)

Indicating who or what owns something is very simple in Norwegian. You just add an **-s** to the owner – as in English, but without the apostrophe.

Johns motorsykkel	*John's motorbike*
Bentes ferie	*Bente's holiday*
Oslos hovedgate	*Oslo's main street*
Bentes tante	*Bente's aunt*

Other aspects of the genitive are covered fully in Unit 16.

Øvelser

1 Insert a demonstrative to complete these sentences:

   (a) Hvor er banken?
       Banken ligger i ___ gaten der.
   (b) Hva heter ___ gaten der?
   (c) Vil du ha ___ kortet her?
   (d) Nei, takk. Jeg vil heller ha ___ kortene der.
   (e) Jeg liker ikke ___ skulpturene der.
   (f) Jeg vil gjerne kjøpe ___ kartet her.

2 Insert a verb in the imperative that matches the infinitive given in brackets:

   (a) ___ dit! (å **kjøre**)
   (b) ___ på den stolen der! (å **sitte**)
   (c) ___ til kiosken! (å **gå**)
   (d) ___ melk og kaffe! (å **kjøpe**)

3 Don't forget the nouns! Nouns in the indefinite and definite, singular and plural have this pattern:

en bil	bilen	biler	bilene
et hus	huset	hus	husene

Fill in the missing words:

(a)	en ferie	___	ferier	___
(b)	___	byen	byer	___
(c)	en vei	___	___	veiene
(d)	___	___	hoteller	___
(e)	___	parken	___	___
(f)	et kort	___	___	___
(g)	___	frimerket	___	___

4 Fill in the gaps. The adjective is in the brackets. You must find the correct form. Look at the table in Unit 4 (**Grammatikk 4**).

   (a) en (**stor**) ___ bil
   (b) den (**kjedelig**) ___ læreren
   (c) de (**gammel**) ___ damene
   (d) det (**blå**) ___ huset
   (e) mange (**norsk**) ___ studenter

(f) de (**grønn**) ___ parkene

(g) det (**pen**) ___ kortet

5 Look at the map of Oslo on page 59. Find your way:

(a) fra Oslo S til Nationalgalleriet (*the National Gallery*)

(b) fra Nationalteatret til Akershus

(c) og så til Slottet

6 Translate this passage – remember to use the Vocabulary at the back of the book, if you get stuck.

Bente er i dårlig humør. Det er dårlig vær. Det er ikke pent vær. Det er ikke sol. Det regner. John er i Oslo alene. Han er i godt humør. Han kjøper mange pene kort og noen frimerker. Så går han til turistinformasjonen og til en bank. Han har ingen penger, og han vil gjerne veksle noen reisesjekker.

Hva du trenger å vite

Newsagents and kiosks in Norway display a big, multi-coloured 'N' on a blue board. This stands for the name **Narvesen**. Here you can buy books, magazines, postcards, hot-dogs, sweets and so on. You can also buy stamps for letters and cards to send all over the world, so it is not necessary to find a post office unless you want to send parcels.

A

Vi teller videre fra ti *(we count up from ten)*

11	elleve
12	tolv
13	tretten
14	fjorten
15	femten
16	seksten
17	sytten
18	atten
19	nitten
20	tjue
21	tjueen
22	tjueto
30	tretti
31	trettien
32	trettito

40	førti
50	femti
60	seksti
70	sytti
80	åtti
90	nitti

hundre   *a hundred*
to hundre   *two hundred*
tusen   *a thousand*

In Unit 2 you discovered that 7 = **sju** has the older version **syv**, which is still used by a lot of people. 20 = **tjue** and 30 = **tretti** also have an old and a new form. The older versions are **tyve** = 20 and **tredve** = 30.

If you use **tyve** and **tredve**, you also have to count in the old-fashioned way, which many people still do:

20	tyve
21	en og tyve
22	to og tyve

30	tredve
31	en og tredve
32	to og tredve

In this book you'll find the modern way of counting.

The Norwegian money system is not complicated. Ten kroner is roughly equivalent to £1. At the time when this book was written, the krone was strong, and £1 was something like kr 8.50.

The krone is divided into 100 øre. There used to be various copper coins, but at the time of writing the smallest unit is 50 øre.

The 'silver' coins are 50 øre, 1 krone, 5 kroner, 10 kroner and 20 kroner. Unfortunately these coins are similar in size and appearance.

The notes are 50 kroner, 100 kroner, 500 kroner and 1000 kroner.

Prices are usually written like this: kr 45,50.

In banks and in lists of monetary currency, the krone is written like this: **NOK** = Norwegian krone.

The decimal point is always a comma, not a point. This is the same for distances and weights and so on.

1 kilometer (km) = 1000 meter (m)
1,6 km = mile (roughly)
1 Norwegian mile (**mil**) = 10 km
1 kilo (kg) = 1000 gram (g)
0,450 kg = 450 g = 1 lb (roughly)

Forstår du?

You are standing on a street corner looking around. You are lost. A young man speaks to you:

Mannen	Kan du si meg hvor Rådhusgaten er?
Du	*I don't know. I come from England.*
Mannen	Jeg kommer fra Bodø. Jeg vet ikke hvor jeg er.
Du	*I have a map. We can look at it.*
Mannen	Jeg heter Martin. Hva heter du?
Du	(your name)
Martin	Du snakker godt norsk! Er du student?
Du	*Yes, I study in England. Are you a student?*
Martin	Nei, jeg kjører en stor lastebil. Men nå er jeg på ferie. Skal du være i Oslo lenge?
Du	*No, I shall travel to Bergen on Monday.*
Martin	Skal du reise med tog?
Du	*No, I shall travel by plane.*
Martin	Nå skal vi finne Rådhusgaten.
Du	*I will go with you.*
Martin	Det er fint. Vil du ha en kopp kaffe? Jeg vil gjerne snakke engelsk.
Du	*I would like a cup of coffee, but I would rather talk Norwegian!*
Martin	Liker du å være i Norge?
Du	*Yes, but I would rather travel to America!*

se på	look at	**omtrent**	roughly
lenge	a long time	**Polarsirkelen**	the Arctic Circle

6

HALLO!

Hello!

In this unit you will learn how to

- use the telephone
- use numbers
- make appointments
- say: *please*

Samtale 1

Lørdag 8 juli (**lørdag åttende juli** = *Saturday, the eighth of July*)
Det er fint vær igjen, men både Bente og John er i dårlig humør. John vil gjerne se Kontiki og vikingskipene, men Bente vil reise hjem til Bergen. De krangler. Bente vil ringe hjem.

Hun slår nummeret	55 68 97 24 (femtifem sekstiåtte nittisju tjuefire)
Thomas	Hallo!
Bente	Hei, lillebror! Hvordan har du det?
Thomas	Ikke så verst. Kommer du ikke snart hjem?
Bente	Jo, jeg kommer kanskje i morgen. Er mor hjemme?
Thomas	Ja, jeg skal hente henne. Mor! Bente er på telefonen!

Mor	Hallo, Bente, så godt å høre fra deg. Er du ikke snart på vei hjem?
Bente	Jo, hvis jeg får plass på toget, kommer jeg i morgen.
Mor	Det skal bli godt å få deg hjem igjen. Kommer John også?
Bente	Nei. Vi bare krangler. Vi kranglet i hele går. Jeg kommer alene. Kanskje kommer han senere.
Mor	Da er det sikkert best at dere er fra hverandre litt. Du må bestille plass på toget. Det er fullt på togene nå i ferien.
Bente	Jeg skal ringe til Sentralbanestasjonen. Hils far og de andre. Jeg gleder meg til å komme hjem. Ha det, mor!
Mor	Morna, Bente.

både *both*	**ikke så verst** *not too bad*
Kontiki the Kontiki raft	**snart** *soon*
vikingskipene the Viking ships	**jo** *yes*
et skip *a ship*	**mor** *mother* (en)
hjem *home* (going home, with movement)	**hjemme** *at home*
	hente *fetch* (å hente)
krangler *quarrel/quarrels* (å krangle)	**henne** *her*
	telefonen *the telephone* (en)
kranglet *quarrelled*	**høre** *hear* (å høre)
ringe *ring* (å ringe *to ring*)	**i hele går** *all yesterday*
slår *knock/knocks, tap/taps, dial/dials* (å slå)	**senere** *later*
	fullt *full*
nummeret *the number* (et)	**hils** *greet* (å hilse)
lillebror *little brother*	**far** *father* (en)
verst *worst*	**andre** *others*

Useful expressions

Jeg gleder meg til å ...	*I am looking forward to ...*
ikke så verst	*not too bad*

Sant eller usant? 1

(*a*) Både John og Bente er i godt humør.
(*b*) Bente ringer til Stavanger.
(*c*) John vil gjerne se Kontiki.
(*d*) Bente snakker med Thomas og far.

Samtale 2

Bente phones the Norwegian State Railway booking office.

Damen 22 17 14 00. Vær så god?

Bente Hei, jeg vil gjerne bestille billett på toget til Bergen i morgen.

Damen De to første togene er fulle, men du kan få plass på toget som går klokken 14.55, altså fem minutter på tre. Dette er en 'grønn avgang' så du kan reise billigere.

Bente Det var heldig! Jeg vil gjerne bestille en billett til meg.

Damen Vil du ha returbillett?

Bente Nei, takk, jeg skal være i Bergen.

Damen Vil du ha plassbillett? Det koster tjue kroner ekstra.

Bente Ja, takk. Er det en vindusplass ledig?

Damen Nå skal jeg se etter. Jo, du er heldig. Det er bare en vindusplass igjen. Kan du komme og hente billetten snart? Jeg kan bare holde den til klokken to.

Bente Takk, jeg kommer med en gang. Takk for hjelpen. Ha det!

Damen Ha det!

vær så god Can/May I help you?	**returbillett** return ticket (en)
klokken at … o'clock	**plassbillett** reserved seat (en)
altså which means	**ekstra** extra
avgang departure (en)	**vindusplass** windowseat (en)
billigere cheaper	**ledig** free
billig cheap	**igjen** left
var was/were (å være)	**holde** hold/keep (å holde)
heldig lucky	**med en gang** at once

Useful expressions

vær så god   *may I help you / (be so good)*

med en gang   *at once*

Sant eller usant? 2

(a) Bente vil bestille plass på toget til Bergen.
(b) John skal ikke være med til Bergen.
(c) Toget går klokken fem minutter over tre.
(d) Bente bestiller returbillett.

Samtale 3

Bente var i byen. Hun hentet billetten sin på Oslo S. Nå vil hun snakke med John. Hun slo tante Maikens nummer: 22 27 95 44. Tante Maiken svarte:

Tante Maiken Tjueto tjuesju nittifem førtifire, vær så god?

Bente Hallo, tante Maiken! Nå er jeg på Oslo S. Jeg har billett til Bergensbanen i morgen. Jeg reiser klokken fem på tre.

Tante Maiken Det er så hyggelig å ha deg her, Bente, men det blir godt for deg å være hjemme. Det er lenge siden du var i Bergen.

Bente Er John hjemme? Jeg vil gjerne snakke med ham.

Tante Maiken Ja, han er her. Et øyeblikk. Ser deg senere, Bente.

John Hallo, Bente, hvor er du?

Bente I byen. Jeg skal reise hjem til Bergen i morgen. Jeg har billett til toget.

John Hvorfor reiser du så plutselig? Vil du ikke se meg mer?

Bente Vi bare krangler. Jeg vil ikke se deg på en stund. Så får vi se.

John Nå synes jeg du er vanskelig. Jeg vil bare ha et par dager til i Oslo. Kan du ikke vente!

Bente Nei, nå vil jeg reise hjem. Du kan gjøre hva du vil! Jeg vil gjerne se familien min, og så må jeg bestille time hos tannlegen. Jeg vil også bestille time hos frisøren.

John Og dette er viktigere enn meg! Jeg forstår at du ikke vil se meg mer. Da pakker jeg og reiser med en gang!

Bente Hvor skal du reise?

John Jeg vet ikke. Jeg har motorsykkel og telt. Det er sommer og fint vær. Jeg har telefonnummeret og adressen din. Jeg skal ringe til deg om et par uker.

Bente Jeg tror du bare er glad for at jeg reiser!

John Det er du som vil reise! Ha det godt, Bente! Jeg er ikke her når du kommer tilbake fra byen!

hentet *fetched* (å hente)	**familien** *the family* (en familie)
sin *her/his/their (own)*	**hos** *with*
slo *dialled* (å slå)	**tannlegen** *the dentist* (en tannlege)
svarte *answered* (å svare)	**frisøren** *the hairdresser* (en)
Bergensbanen the Oslo–Bergen train	**viktigere** *more important*
	viktig *important*
siden *since*	**forstår** *understand/understands* (å forstå)
var *was/were* **(å være)**	
et øyeblikk *one moment*	**pakker** *pack/packs* (å pakke)
plutselig *suddenly*	**telt** *tent* (et)
en stund *a while*	**adressen** *the address* (en adresse)
vanskelig *difficult*	**om** *in*
et par *a couple of/pair of*	**uker** *weeks* (en uke)
vente *wait* (å vente)	**glad forat** *happy that*

Useful expressions

et øyeblikk	*a moment / please wait a moment*
å bestille time	*to make an appointment*
om et par uker	*in a couple of weeks*

Sant eller usant? 3

(a) Bente og tante Maiken skal reise til Bergen.
(b) John har billett til toget til Bergen.
(c) John vil bestille time hos tannlegen.
(d) Bentes familie bor i Bergen.

Slik sier vi det

There is no single word meaning 'please' in Norwegian:

- Ja takk.   *Yes, please.*
  Nei takk.   *No, thank you.*
  Vær så snill å ...   *Please* (asking someone to do something for you, be so good as to ...)

  Vil du være så snill å...   *Please* (will you be so good as to ...)

- Jeg er glad for å ...   *I am pleased to ...*
  Jeg er glad for at ...   *I am pleased that ...*

• Jeg er glad i ...	*I love / like very much ...*
Vær så god	*Here you are / may I help you?* (when you hand someone something, and when you answer the phone)

• Vil du ha et glass øl?	*Would you like a glass of beer?*
Her er et glass øl, vær så god.	*Here is a glass of beer (for you).*
Vær så snill å gi meg et glass øl til!	*Please give me another glass of beer!*
Vil du være så snill å gi meg et glass øl til!	*Please give me another glass of beer!*

This expression is important enough for repetition:

• Jeg gleder meg til ...	*I am looking forward to ...*
Jeg gleder meg til ferien.	*I am looking forward to the holiday.*
Jeg gleder meg til å se deg!	*I am looking forward to seeing you!*
Jeg gleder meg til å reise fra Norge!	*I am looking forward to travelling from Norway!*
• Hvor er det en telefon?	*Where is there a telephone?*
Hvor er det en telefonkiosk?	*Where is there a telephone booth?*
Hvor er det en telefonkatalog?	*Where is there a telephone directory?*
Kan jeg få snakke med ...?	*Please may I speak to ...?*
Et øyeblikk.	*Just a moment.*
Jeg vil gjerne bestille time.	*I would like to make an appointment.*

 ——————— **Grammatikk** ———————

1 *Questions*

You have seen earlier that questions are simply made by changing the word order, or by using a question word, such as **hva** and **hvor**, and ending with a question mark.

Heter han John?	*Is he called John?*
Hvor bor du?	*Where do you live?*

It is very common in Norway to use the negative when asking questions:

Heter han ikke John?	*Isn't he called John?*
Bor du ikke i Taunton?	*Don't you live in Taunton?*

There are two words for *yes*: **ja** and **jo**.
If you answer *yes* to a question, you say **ja**.
If you answer *yes* to a 'negative' question, you say **jo**.
Jo is also a slightly doubtful *yes*.

Kommer du fra Stavanger?	*Do you come from Stavanger?*
Ja, jeg kommer fra Stavanger.	*Yes, I come from Stavanger.*
Kommer du ikke fra Stavanger?	*Don't you come from Stavanger?*
Jo, jeg kommer fra Stavanger.	*Yes, I come from Stavanger.*
Liker du norsk mat?	*Do you like Norwegian food?*
Jo, jeg liker norsk mat.	*Well – yes, I like Norwegian food.*

2   Verbs – Talking about events in the past

The tense of the verb relates to when the action takes place, in the past, present or future. When you want to talk about something which happened in the past, the verb will have to be in the past tense.

Jeg var i London i går.   *I was in London yesterday.*

The present tense of the verb *to be* is *am/are/is*, and in the past tense: *was/were* in English. In Norwegian, the present tense of **å være** is **er**, and the past tense is **var**.

Jeg er i England.	*I am in England.*
Jeg var i Oslo i går.	*I was in Oslo yesterday.*

It makes sense to list verbs in the following order:

Infinitive		Present tense		Past tense	
å være	(*to be*)	er	(*am/are/is*)	var	(*was*)
å reise	(*to travel*)	reiser	(*travel/travels*)	reiste	(*travelled*)
å kjøre	(*to drive*)	kjører	(*drive/drives*)	kjørte	(*drove*)
å spise	(*to eat*)	spiser	(*eat/eats*)	spiste	(*ate*)

The last three verbs in this list follow the normal rules and are described as regular. There are four groups of regular verbs, which you will meet in the following units. But there are also many irregular verbs, which don't follow the normal patterns. Here are some useful ones:

å gå	går	gikk	(*to go*)
å ha	har	hadde	(*to have*)
å drikke	drikker	drakk	(*to drink*)

3 Adverbs

Do you remember *here* and *there*? These are examples of adverbs. Adverbs are words which give extra information, such as how, when or where the verb takes place.

There are two words for *here* and two words for *there*, one to use when there is movement, and one for stationary situations.

Kom hit!	*Come here!*
Gå dit!	*Go there!*
Jeg er her.	*I am here.*
Du er der.	*You are there.*

There are some more adverbs like this.

With movement:		**Stationary:**	
bort	(*away / off*)	borte	
han kjører bort	(*he drives off*)	de er borte	(*they are away*)
opp	(*up*)	oppe	(*up / upstairs*)
ned	(*down*)	nede	(*down / downstairs*)
ut	(*out*)	ute	(*out / outside*)
inn	(*in*)	inne	(*in / inside*)
hjem	(*home*)	hjemme	(*at home*)

4 Doing arithmetic

+	**og/pluss**	$3 + 5 = 8$	tre og (pluss) fem er åtte
–	**minus**	$6 - 2 = 4$	seks minus to er fire
×	**ganger**	$7 \times 3 = 21$	sju ganger tre er tjueen
:	**dividert med**	$24 : 8 = 3$	tjuefire dividert med åtte er tre

å legge sammen	*to add*	**å gange/å multiplisere**	*to multiply*
å trekke fra	*to take away*	**å dividere**	*to divide*

—————————————— **Øvelser** ——————————————

1 These statements are in the present tense. Change them into the past tense:

   (*a*) John reiser ___ til Bergen.
   (*b*) Han spiser ___ reker og majones.
   (*c*) Bente drikker ___ en kopp kaffe.
   (*d*) Hun har ___ en liten rød bil.
   (*e*) De går ___ til Turistinformasjonen.

2 Insert the correct adverb (see the English in brackets), remembering that some are used for movement and some not:

   (*a*) Tante Maiken er ___ (*at home*)
   (*b*) Bente sitter ___ (*there*)
   (*c*) Kom ___! (*Come in!*)
   (*d*) Det regner ___ (*outside*)
   (*e*) Bente vil reise ___ (*home*)

3 Make these statements into questions:

   (*a*) John liker øl.
   (*b*) Han kommer fra York.
   (*c*) Bente vil reise til Bergen.
   (*d*) Bentes bror heter Tom.

4 Answer these questions starting with **ja** or **jo**:

   (*a*) Liker du ikke kaffe?
   (*b*) Vil du komme med meg til Bodø?
   (*c*) Vil han ikke ringe til Bente?
   (*d*) Heter han ikke Per?

5 Fill the gaps using the correct forms of the adjectives:

   (*a*) en blå bil   den ___ bilen   ___ biler   de ___ bilene
   (*b*) et stort hus   det ___ huset   ___ hus   de ___ husene
   (*c*) en lang gate   den ___ gaten   ___ gater   de ___ gatene
   (*d*) en fin dag   den ___ dagen   ___ dager   de ___ dagene

6 Which numbers are these? Write them in figures!

   (*a*) seksten
   (*b*) tjuefem

(*c*) femtini
(*d*) syttifire
(*e*) tohundreogto

7 Write out the following numbers in Norwegian:

(*a*) 7
(*b*) 17
(*c*) 18
(*d*) 80
(*e*) 632

8 Can you write out these sums in words? And then give the
answer in Norwegian, too. (Remember to use **er** for =!)

(*a*) 4 + 5 =
(*b*) 15 − 7 =
(*c*) 3 × 6 =
(*d*) 28 : 7 =
(*e*) 12 + 2 =

─────── Hva du trenger å vite ───────

Telephoning in Norway There are no longer any regional tele-
phone codes.

All telephone numbers have eight digits, and you use all eight
digits when using the phone – whether it is a local or long-distance
call.

Telephone numbers are usually said in twos:

22 45 96 37 **tjueto, førtifem, nittiseks, trettisju**

All Oslo numbers start with 22, Bergen numbers with 55 and so on.

Cheap rate starts at 5 pm.

Bergensbanen, the Oslo–Bergen railway, is a major tourist
attraction. It takes you from Oslo through the farming valleys,
past lakes reflecting beautiful scenery, and climbs steadily up into

the mountains. The highest point is more than 3,000 feet, and the view of the snowcapped mountains is breathtaking. Then down to the fjord-country of western Norway. The railway line is kept open throughout the year. The trip takes about six hours.

At the time of writing there are various ways of getting cheaper travel on the railway:

- by booking two or three weeks in advance, you get big reductions.
- some departures are marked **Grønn avgang** (*green departure*). They are much cheaper than the full fare.
- there are also special deals on certain inclusive trips using trains, ferries and buses.

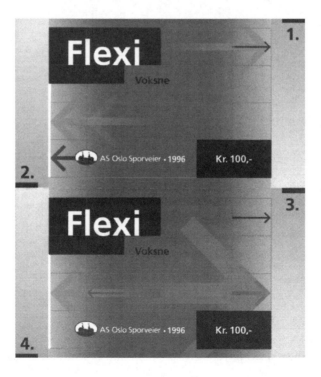

Forstår du?

You are in Oslo and you urgently need to see a dentist. You look in the telephone directory, and pick one: you dial the number.

Damen Tannlege Per Hansen, vær så god?

Du (Translate!) *My name is ___. I would like to book an appointment.*

Damen Er du pasient hos oss?

Du *No. I come from England. I am on holiday here.*

Damen Et øyeblikk, så skal jeg se ... Jo, du kan få time på torsdag klokken ti over tolv. Det er torsdag niende juli.

Du *Can I come a little later? I come back from Hamar that day.*

Damen Et øyeblikk. Jeg har en time klokken fem på fredag tiende juli.

Du *That is fine. You are in Storgaten. How do I get there from Oslo S?*

Damen Det beste er å gå opp Karl Johans gate. Gå til høyre når du ser Domkirken. Gå forbi Domkirken. Da ser du Storgaten. Vi er i nummer sekstini. Det er kanskje femten minutter fra Oslo S.

Du *Thank you. I shall be there on Friday.*

Damen Adjø.

Du *Goodbye.*

pasient	*patient* (en)	**opp**	*up*
oss	*us*	**Domkirken**	*the Cathedral Church*

***

You are now well into the course. How are you getting on? It would be a good idea now to look back through the **Grammatikk** sections to check that you have understood all of the language patterns. You could even re-do some of the exercises you found difficult and re-read some of the dialogues. You'll be surprised to see how much you have learnt. Good luck with the rest of the course!

7

BENTES FAMILIE

Bente's family

In this unit you will learn

- about family relationships
- how to talk to children
- how to express irritation
- how to set up a family tree

 ──────── **Tekst 1** ────────

Torsdag 12 juli (**torsdag tolvte juli** = *Thursday, the twelfth of July*) Bente is now back home in Bergen with her parents, younger sister, Elisabeth, and brothers, Arne and Thomas. Her older sister, Liv, is married to Geir. They have two small children.

Bentes far arbeider i en stor bank i Bergen. Moren har jobb på et legekontor. Familien kom fra Oslo for to år siden. Alle liker å bo i Bergen.

Bente har fire søsken, to søstre og to brødre. Den eldste søsteren heter Liv og er gift med Geir. De giftet seg for fem år siden. De har to små barn, som Bente er tante til. Gutten heter Trond og piken heter Anne. De er Bentes nevø og niese. Bente og Liv er gode venner, og Bente liker svogeren sin.

Bentes søster, Elisabeth, er seksten år. Brødrene, Arne og Thomas, er tretten og ni år. Bente krangler ofte med Elisabeth og Arne, men hun er veldig glad i lillebroren, Tom.

De bor i et stort, gammelt, gult hus i en stor hage. Liv og hennes familie bor i en leilighet fem minutter borte.

Bentes farmor og farfar bor også i Bergen, men de andre besteforeldrene bor i Kristiansand. Bentes mormor heter også Bente, og Bente er spesielt glad i henne. De har mye til felles, ikke bare navnet.

Familiens etternavn er Vik. Mormor og morfar heter Hansen, og Liv har Geirs etternavn, som er Berg.

kom *came* (å komme)	**ofte** *often*
for ... siden *ago*	**glad i** *fond of*
glade *glad / happy* (plural)	**hage** *garden* (en)
om *about*	**hennes** *her, hers*
fortelle *tell* (å fortelle)	**leilighet** *flat / apartment* (en)
hadde *had* (å ha)	**farmor** *grandmother* (en)
jobb *job* (en)	(paternal)
legekontor *doctor's surgery* (et)	**farfar** *grandfather* (en) (paternal)
år *year* (et)	**besteforeldre** *grandparents*
søsken *siblings*	**(foreldre** *parents*)
søstre *sisters* (en søster)	**mormor** *grandmother* (en)
brødre *brothers* (en bror)	(maternal)
eldste *oldest*	**spesielt** *especially*
gift med *married to*	**felles** *common*
giftet seg *got married* (å gifte seg)	**til felles** *in common*
barn *child* (et)	**etternavn** *surname* (et)
nevø *nephew* (en)	**morfar** *grandfather* (en)
niese *niece* (en)	(maternal)
svogeren *the brother-in-law* (en svoger)	

Sant eller usant? 1

(a) Bente har to eldre søstre.
(b) Bentes svoger heter Thomas.
(c) Elisabeth har to barn.
(d) Tom er eldre enn Arne.

 —————————— **Samtale 2** ——————————

Bente is off to meet her friends. But where is her new blue jacket?

Bente skal ta en tur til byen for å treffe noen venner. Hun finner ikke jakken sin.

Bente	Mor, hvor er jakken min?
Mor	Hvilken jakke?
Bente	Den nye, blå jakken som jeg kjøpte i London!
Mor	Elisabeth hadde den da hun gikk ut. Jeg trodde hun hadde spurt deg om å få låne den.
Bente	Jeg kunne drepe henne!! I går tok hun det nye skjørtet mitt! Bare vent til jeg får tak i henne! Nå er jeg sen også! Jeg når ikke bussen så jeg må ta sykkelen.
Tom	Arne tok sykkelen din.
Bente	Den drittungen! Han skal få juling når jeg ser ham! Har han ikke en sykkel selv?
Tom	Den er ikke i orden. Han kommer ikke tilbake før klokken fem.
Mor	Ikke vær sint, Bente. Jeg skal kjøre deg til byen, og jeg skal si et alvorsord til både Elisabeth og Arne.
Bente	Takk, mamma, du er en engel. Kan vi gå med en gang?
Mor	Ja, jeg skal finne bilnøklene.
Tom	Far tok bilen idag. Han skulle besøke farmor og farfar på veien hjem fra jobben.

tur *trip* (en)	**låne** *borrow* (å låne)
jakken *the coat/jacket* (en jakke)	**kunne** *could*
hvilken *which*	**drepe** *kill* (å drepe)
nye *new* (**ny** *new*)	**i går** *yesterday*
da *when*	**tok** *took* (å ta)
trodde *thought* (å tro)	**skjørtet** *the skirt* (et)
spurt *asked* (å spørre)	**mitt** *my*

til *till*	**før** *before*
får tak i *get hold of*	**alvorsord** *serious word* (et)
sen *late*	**engel** *angel* (en)
når *reach/reaches* (å nå)	**bilnøklene** *the car-keys*
drittungen *the 'dirty kid'* (en drittunge)	(en bilnøkkel)
see: Slik sier vi det	**i dag** *today*
juling *beating/hiding* (en)	**skulle** *was going to*
selv *himself/herself*	**besøke** *visit* (å besøke)
i orden *in order*	

Sant eller usant? 2

(a) Bente tar bussen til byen.
(b) Mor kjører Bente til byen.
(c) Bente er i dårlig humør.
(d) Elisabeth har Bentes nye jakke.

————— Samtale 3 —————

Bente is looking after her niece and nephew for a week while Liv and Geir are on holiday. She is not having an easy time!

Liv og Geir er på ferie. Bente skal passe Trond og Anne i en uke. I dag regner det og Bente og barna er inne. Trond er fire år og Anne er elleve måneder. Anne skriker.

Bente   Så, så, lille Anne, nå skal du snart få maten din. Og så våt du er! Først må du få en tørr bleie.
Trond   Jeg vil ha mat! Jeg vil ha mat nå!!
Bente   Det heter ikke 'jeg vil', Trond. Du må spørre pent. Du må si: 'Kan jeg få litt mat'.
Trond   Jeg vil! Jeg vil!
Bente   Da får du ikke mat. Du får ikke mat før du er snill!

Nå skriker både Trond og Anne. Begge barna skriker. Bente vil gjerne skrike også! Tom kommer inn.

Tom   Skal jeg hjelpe deg, Bente?
Bente   Takk, snille, gode Tom. Vil du holde Anne mens jeg tar meg av Trond.
Tom   Æsj! Hun er våt!

Bente Jeg skal vaske henne og skifte på henne snart. Trond, hvis du spør pent, skal du få en bolle med geitost og et stort glass saft.

Trond Kan jeg få en bolle og saft, Bente?

Bente Det var bedre, Trond. Du kan være snill, du også!

Bente gir Trond en klem. Så lager hun mat til barna. Mens Trond og Tom spiser, tar hun seg av Anne. Anne får sin mat, og Bente er i godt humør igjen. Snart sover Anne. De to guttene leker med Lego mens Bente rydder og vasker opp.

Tom Det regner ikke! Skal vi gå en tur ut?

Bente Det skal bli fint. Jeg skal kjøpe en is til dere.

passe *look after/mind*	**Æsj!** *Yuck!*
å passe *to look after*	**vaske** *wash* (å vaske)
i en uke *for a week*	**skifte (på)** *change* (å skifte (på))
barna *the children* (et barn)	**bolle** *bun* (en)
inne *inside*	**saft** *juice/squash* (en)
måneder *months* (en måned)	**gir** *give/gives* (å gi)
skriker *cry/cries, scream/screams* (å skrike)	**klem** *hug* (en)
	lager *make/makes* (å lage)
våt *wet*	**sover** *sleep/sleeps* (å sove)
tørr *dry*	**leker** *play/plays* (å leke)
bleie *nappy* (en)	**rydder** *tidy/tidies* (å rydde)
spørre *ask* (å spørre)	**vasker opp** *wash up/washes up* (å vaske opp)
pent *nicely*	
snill *good*	**is** *ice-cream* (en)
mens *while*	
tar meg av *take care of* (å ta seg av)	

Sant eller usant? 3

(a) Bente skal passe Livs barn i en uke.

(b) Bentes nevø heter Tom.

(c) Bente er tante til Tom og Anne.

(d) Bente vasker opp og så gir hun Anne mat.

Slik sier vi det

- Looking at a baby:

Så søt hun er!	*How sweet she looks!*
Hun likner tante Kari!	*She looks like Aunt Kari!*
Hun skriker ofte!	*She cries often!*
Jeg liker ikke små barn!	*I don't like small children!*
Hun er våt!	*She is wet!*
Hun likner en liten engel når hun sover!	*She looks like a little angel when she sleeps!*

- Exasperated parent to small child:

Hvis du er snill, skal du få en stor is!	*If you are good, you will get a big ice-cream!*
Du får ikke is hvis du ikke gjør som jeg sier!	*You will not get an ice-cream if you don't do what I tell you!*
Det heter ikke: 'jeg vil ha', – det heter: 'kan jeg få'.	*It isn't: 'I want', – it is 'may I have'.*
Du likner faren din!	*You are like your father!*

- One child hurling abuse at another:

Din drittunge!	*You dirty kid!* (**Dritt** = *dirt / muck*, **unge** = *kid / baby animal*)
Din tufs!	*You feeble thing!*
Din gris!	*You pig!*

- Instructions:

Vask hendene!	*Wash your hands!*
Sitt pent!	*Sit nicely!*
Ikke snakk med mat i munnen!	*Don't talk with food in your mouth!*
Ti stille!	*Keep quiet!*

- And some kind words:

Du er verdens beste gutt.	*You are the best boy in the world.*
Du er en snill, liten gutt.	*You are a good little boy.*
Skal jeg lese for deg?	*Shall I read to you?*
Skal vi spille Ludo?	*Shall we play Ludo?*
Skal vi leke med Lego?	*Shall we play with Lego?*
Godnatt, og sov godt.	*Goodnight, and sleep well.*

——————— **Grammatikk** ———————

1 Personal pronouns

The personal pronouns are as follows:

1st person singular	**jeg**	*I*
2nd person singular	**du**	*you*
3rd person singular	**han**	*he*
	hun	*she*
	den/det	*it*
1st person plural	**vi**	*we*
2nd person plural	**dere**	*you* (more than one)
3rd person plural	**de**	*they*

The personal pronouns have three forms. The list shows the subject forms. The subject tells you who or what is doing something.

Anne skriker.	*Anne cries.*
Hun skriker.	*She cries.*
Tom og Trond leker med Lego.	*Tom and Trond play with Lego.*
De leker med Lego.	*They play with Lego.*

2 Possessives

The possessives give information about ownership:

Er det din far?	*Is that your father?*
Nei, det er min mann.	*No, it is my husband.*

Possessives

min/mitt/mine		*my, mine*
din/ditt/dine		*your, yours*
hans		*his*
hennes	sin/sitt/sine	*her, hers*
dens		*its*
dets		*its*
vår/vårt/våre		*our, ours*
deres		*your, yours* (pl.)
deres	sin/sitt/sine	*their, theirs*

There are two important points to remember about possessives:

A   If you put the possessive before the noun, the noun is in the indefinite; whereas if you put the possessive after the noun, the noun is in the definite.

Min tante er tykk.	*My aunt is fat.*
Tanten min er tykk.	*My aunt is fat.*
Hennes bror er i fengsel.	*Her brother is in prison.*
Broren hennes er i fengsel.	*Her brother is in prison.*

B   When the possessive pronoun refers back to the subject, but is not itself the subject, you use the reflexive *sin* in the third person, singular and plural.

This point needs a little explaining. Look at the examples below:

Tanten min er tykk.	*My aunt is fat.*
Tanten din er tykk.	*Your aunt is fat.*
Tanten hans er tykk.	*His aunt is fat.*
Jeg liker tanten min.	*I like my aunt.*
Jeg liker tanten din.	*I like your aunt.*
Jeg liker tanten hans.	*I like his aunt.*
Han liker tanten **sin**.	*He likes his (own) aunt.*
Han liker tanten **hans**.	*He likes his (some other chap's) aunt.*

In the first three examples the possessive is part of the subject.
In the five following examples, the subjects are **jeg** and **han**.
The possessive is part of the object, and the ownership refers back to the subject.
This is when one uses the reflexive **sin**, **sitt** and **sine** in the 3rd person singular and plural. It defines ownership better.

A good way of remembering this is if you think of the consequences:

Han er i sin seng.	*He is in his own bed.*
Han er i hans seng.	*He is in some other chap's bed.*
Han er i hennes seng.	*He is in her bed.*

The reflexive is never the subject of a sentence, but refers back to the subject.

This may seem a little complicated at first, but you will soon get to grips with it.

3 Irregular nouns

Here is a reminder of the four forms of the regular nouns:

en gutt (*a boy*)   gutten (*the boy*)   gutter (*boys*)   guttene (*the boys*)
et hus (*a house*)   huset (*the house*)   hus (*houses*)   husene (*the houses*)

In Unit 5 you found some irregular nouns, nouns which don't follow the normal rules. Here are some more:

en far	faren	fedre	fedrene	(*father*)
en mor	moren	mødre	mødrene	(*mother*)
en bror	broren	brødre	brødrene	(*brother*)
en søster	søsteren	søstre	søstrene	(*sister*)

All **en** and **et** words have **ene** or just **ne** in the definite plural except for these two:

et barn	barnet	barn	barna	(*child*)
et ben	benet	ben	bena	(*bone/leg*)

They follow the normal pattern for short (one syllable) **et** words with no ending in indefinite plural, but get an **a** in the definite plural. This has nothing whatsoever to do with feminine endings.

Liv har to barn.	*Liv has two children.*
Barna heter Trond og Anne.	*The children are called Trond and Anne.*
Arne har lange ben.	*Arne has long legs.*
Hunden spiser bena.	*The dog eats the bones.*

4 Verbs

The really irregular verbs are called 'strong' verbs in Norwegian. The other verbs are 'weak' verbs. Weak verbs fall into four groups, and follow a definite pattern.

Group 1:	å vente	venter	ventet	(*to wait*)
	å rydde	rydder	ryddet	(*to tidy*)
	å arbeide	arbeider	arbeidet	(*to work*)
Group 2:	å spise	spiser	spiste	(*to eat*)
	å drepe	dreper	drepte	(*to kill*)
	å reise	reiser	reiste	(*to travel*)

There is more on the two other groups in Unit 8.

Some more strong verbs:

å hete	heter	het	(*to be called*)
å komme	kommer	kom	(*to come*)
å ta	tar	tok	(*to take*)

5 Leke/spille

Å leke (*to play*) is used for playing with toys, whereas **å spille** (*to play*) is used for any other kind of playing, such as sport, gambling, musical instruments, theatre and so on.

| å leke | leker | lekte |
| å spille | spiller | spilte |

Both verbs are weak verbs, belonging to Group 2.

Notice the spelling of the past tense of **spille**: one l is left out.

☑ ———————— Øvelser ————————

1 Fill in the missing forms of the nouns:

   (a) en søster   ___   ___   ___
   (b) ___   faren   ___   ___
   (c) ___   ___   ___   barna
   (d) ___   ___   menn   ___
   (e) en lærer   ___   ___   ___

2 Adjectives and nouns:

   (a) en god venn   den___   ___   ___
   (b) et stort hus   det___   ___   ___
   (c) et lite barn   det___   ___   ___
   (d) en kjedelig film   den___   ___   ___

3 Use the possessive pronouns prompted in brackets:

   (a) ___ mor er norsk. (*my*)
   (b) Søsteren ___ er snill. (*her*)
   (c) Dette er ___ familie. (*my*)
   (d) Han spiser maten ___. (*his own*)
   (e) Han tar sykkelen ___. (*her*)

4 Fill in the gaps in these phrases about family relationships:

(a) Min farmor er gift med min ___.
(b) Jeg er tante til to piker. De er mine ___.
(c) Min søster er gift med Ole. Han er min ___.
(d) Mor og far er mine ___.
(e) Den gutten der er ___ min.

5 Set out your own family tree, using Norwegian words. Follow the example below.

6 List all the members of your family by name: Min (aunt, uncle, grandmother (maternal), brother etc...) heter ___, (using Norwegian names).

Hva du trenger å vite

Bentes familietre (*Bente's family tree*)

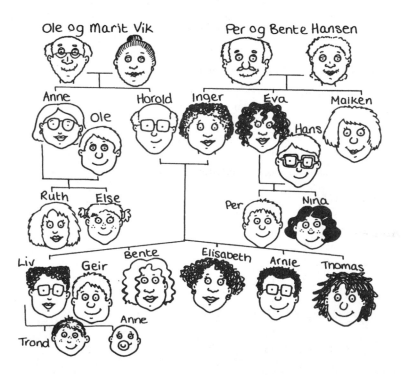

g. (gift med) *married to*
oldeforeldre   *great-grandparents*
oldefar og oldemor   *great-grandfather and great-grandmother*
bestefar og bestemor   *grandfather and grandmother*

In Norway it is most usual to distinguish between father's parents and mother's parents by calling them: **farfar og farmor**, **morfar og mormor**.

far og mor *father and mother*	**søsken** *sibling*
foreldre *parents*	**bror og søster** *brother and sister*
onkel og tante *uncle and aunt*	**sønn og datter** *son and daughter*
fetter og kusine *male cousin and female cousin*	**svoger og svigerinne** *brother-in-law and sister-in-law*
nevø og niese *nephew and niece*	**svigerfar og svigermor**
barn *child*	*father-in-law and mother-in-law*
barnebarn *grandchild*	

Forstår du?

You are sitting on a seat in Frognerparken, enjoying the sunshine. A family is having a picnic on the grass. A small boy comes over to you, eating an ice-cream. He starts talking to you:

Gutten   Hei, er du alene?
Du   *Yes, I like to be alone.* (You hope he will go away.)
Gutten   Familien min er der borte. Det er mamma og tante Kari, og det er søsteren min, hun som skriker. Den store piken er tante Karis barn. Jeg liker henne ikke.
Du   *What is your name?*
Gutten   Jeg heter Andrew.
Du   *Andrew is not a Norwegian name.*
Andrew   Min far er amerikansk. Mamma er fransk. Jeg heter Pierre også. Vennene mine kaller meg Anders. Det er et norsk navn.
Du   *And your sister, has she an American and a French name as well?*
Andrew   Nei, hun heter Olga, fordi mormor er russisk.

Du   *Isn't your father here?*
Andrew Jo, men har går en tur i parken fordi mamma og tante Kari
         snakker og snakker og Olga skriker.
Du   *Why are you not with him?*
Andrew Fordi han liker å være alene også!

hvit *white*	**kaller** *call/calls* (å kalle)
heller *either*	**russisk** *Russian*
fransk *French*	

Bente has been having a busy time, but now it is John's turn for some
drama! It seems that he doesn't always have much luck in life.

8

JOHN KOLLIDERER OG KOMMER PÅ SYKEHUS

John is in a crash and ends up in hospital

In this unit you will learn

- how to express pain and discomfort
- parts of the body
- how to deal with being in hospital
- how to describe symptoms of illness or pain

 ——————— **Tekst 1** ———————

Fredag 13 august (**fredag trettende august** = *Friday, the thirteenth of August*) John has been to the seaside and to the mountains. Now he is heading for disaster.

> John har hatt en fin ferie. Han reiste fra Oslo for fire uker siden. Han kjørte på motorsykkelen sin sørover til Stavern. Der fant han en campingplass hvor han var i to uker. Været var fint og varmt. Sjøen var kald, men han badet flere ganger hver dag.
>
> Så kjørte han til fjellet. Han stoppet tusen meter over havet og gikk en fin tur opp til Gaustatoppen. Det er et høyt fjell på nesten ett tusen åtte hundre meter. Utsikten fra toppen var fantastisk.

Nå er han på vei til Bergen. Han gleder seg til å se Bente igjen. De har snakket på telefonen mange ganger.

John ser på den vakre naturen. Han tenker på Bente. Han ser ikke den store lastebilen som kommer mot ham før det er for sent. John hører at han skriker. Han ser et stort, rødt lys. Så blir alt mørkt.

Han hører en stemme Kan du høre meg?
John Hvor er jeg? Å, jeg har så vondt i hodet! Jeg har vondt alle steder.
Ambulansemannen Du er i en ambulanse på vei til Haukeland Sykehus i Bergen. Ligg stille! Vi er der snart. Du har hatt en ulykke.

har hatt *has/have had*		/ *the nature* (en)	
sørover *southwards*		**tenker** *think/thinks* (å tenke)	
fant *found* (å finne)		**mot** *towards*	
campingplass *campsite* (en)		**for** *too*	
varmt *warm*		**rødt** *red*	
kald *cold*		**mørkt** *dark*	
badet *swam/bathed* (å bade)		**stemme** *voice* (en)	
flere *several*		**vondt** *pain /hurt*	
fjellet *the mountain* (et)		**hodet** *the head* (et)	
stoppet *stopped* (å stoppe)		**alle steder** *everywhere*	
hav *sea* (et)		**sted** *place* (et)	
høy *high*		**ambulanse** *ambulance* (en)	
utsikten *the view* (en)		**sykehus** *hospital* (et)	
toppen *the top* (en)		**stille** *still*	
fantastisk *fantastic*		**ulykke** *accident/mishap* (en)	
naturen *the landscape/the scenery*			

Sant eller usant? 1

(a) John kjørte nordover fra Oslo.
(b) Han badet ikke i sjøen.
(c) Bente ser at John har en ulykke.
(d) John har ikke vondt i hodet.

Samtale 2

John wakes up in hospital. He is in a lot of pain. Everything hurts.
Poor John! But the nurse is very nice.

Sykepleier Hvordan har du det nå?
John Dårlig! Hvor er jeg?
Sykepleier Du er på Haukeland Sykehus. Husker du at du ble
påkjørt av en lastebil? Du har vært heldig. Du kunne
ha blitt drept! Du har en kraftig hjernerystelse, men
du har ikke brukket noe. Du får nok vondt i hodet i
noen dager, og i kroppen også. Du har mange sting. Nå
må du ligge så stille du kan til hodet er bedre.
John Jeg må ringe til Bente. Hun venter på meg i Bergen.
Sykepleier Bente Vik? Vi fant telefon-nummeret hennes i jakken
din. Vi har ringt til henne. Hun kommer hit i morgen.
John Jeg er veldig tørst. Kan jeg få litt vann?
Sykepleier Ja, men bare litt.

John sees his face in the mirror.

John Jeg er kvalm! Jeg må kaste opp!

våknet *woke up* (å våkne)	**nok** here a 'tag'-word, meaning
sykeseng *hospital bed* (en)	*perhaps*
røre seg *move* (himself)	**kroppen** *the body* (en)
sykepleier *nurse* (en)	**sting** *stitch* (et)
sengen *the bed* (en)	**hjalp** *helped* (å hjelpe)
ble påkjørt av *hit by* (a car / bus, etc.)	**drakk** *drank* (å drikke)
vært *been*	**så** *saw* (å se)
ha blitt drept *have been killed*	**ansiktet** *the face* (et)
kraftig *strong/heavy*	**speilet** *the mirror* (et)
hjernerystelse *concussion* (en)	**kvalm** *feeling sick/nauseous*
brukket *broken* (å brekke)	**kaste opp** *throw up/be sick*
noe *anything, something*	

Sant eller usant? 2

(a) John er i en sykeseng.
(b) Han har vondt i hodet og i kroppen.

(c) Han er tørst og drikker litt vann.
(d) Han ser seg i speilet og blir kvalm.

Samtale 3

Bente comes to the hospital to see John.

John ligger på rom nummer åtte i fjerde etasje.

Bente går inn. Det er tre senger der. Men hvor er John? I den første sengen ligger en gammel mann uten hår. I den andre sengen ligger en stor, tykk mann med langt, rødt hår. Da må det være John i den tredje sengen. Men kan det virkelig være John?

Bente ser et rødt og blått ansikt med mye plaster og mange sår. Det er mange sting i hodet, og håret er klippet bort. Hun kan nesten ikke se øynene hans, og munnen er helt skjev. Nesen er som en potet. Stakkars John!

Bente John, her er jeg. Kan du høre meg?
John Hei, Bente! Jeg er glad du er her.

Han prøver å smile. Hun tar hånden hans. Den har mange, store sår, og det er mange sting på armen hans.

John Au!!!
Bente Stakkars deg! Men jeg er glad du ikke har brukket noe. Du blir sikkert bra om noen dager.
John Jeg har atten sting på venstre arm og seksten på høyre. Og i hodet har jeg nitten sting. Jeg har sår på føttene også. Legen sier at jeg får noen arr i ansiktet.

Den søte sykepleieren kommer til sengen. Hun smiler til ham.

Sykepleier Hvordan går det nå, John?
John Ikke så verst, takk!
Bente Jeg tror det er best at du kommer hjem til meg så snart som mulig!

rom	*room* (et)	**hår**	*hair* (et)
fjerde	*fourth*	**andre**	*second*
etasje	*floor* (en)	**tredje**	*third*
uten	*without*	**virkelig**	*really*

plaster *plaster* (et)	**stakkars** *poor*
sår *wound / ulcer / cut* (et)	**prøver** *try / tries* (å prøve)
klippet *cut* (å klippe)	**hånden** *the hand* (en)
øynene *the eyes* (et øye)	**armen** *the arm* (en)
munnen *the mouth* (en)	**au** *ouch*
helt *quite, completely*	**føttene** *the feet* (en fot)
skjev *crooked*	**legen** *the doctor* (en lege)
nesen *the nose* (en nese)	**arr** *scars* (et arr)
som *like, as*	**så snart som mulig** *as soon as*
potet *potato* (en)	*possible*

Sant eller usant? 3

(a) John ligger på rom nummer åtte i tredje etasje.
(b) John ligger i den tredje sengen.
(c) Bente ser at John har rødt hår.
(d) John har mange sting på føttene.

-------- **Slik sier vi det** --------

- Expressions regarding how you feel:

Hva er i veien?	*What is the matter?*
Hva er i veien med deg?	*What is the matter with you?*
Jeg har vondt i ...	*I have a pain in the ...*
Jeg har vondt i hodet.	*I have a sore head.*
Jeg har vondt i en finger.	*I have a sore finger.*
Det gjør vondt ...	*It hurts ...*
Det gjør vondt i magen min.	*My stomach hurts.*
Det gjør vondt i hodet.	*My head hurts.*
Jeg har vondt alle steder!	*It hurts everywhere!*
Au!	*Ow!*
Jeg har hodepine.	*I have a headache.*
Jeg har tannpine.	*I have a toothache.*
Stakkars deg!	*Poor you!*
Jeg er trett.	*I am tired.*
Jeg er i dårlig humør.	*I am in a bad mood.*
Jeg føler meg dårlig.	*I feel bad / unwell.*
Jeg føler meg syk.	*I feel ill.*

Jeg har diare.	*I have diarrhoea.*
Jeg er kvalm.	*I feel nauseous.*
Jeg føler meg kvalm.	*I feel nauseous.*
Jeg må kaste opp!	*I have to throw up / vomit!*
Jeg føler meg bedre i dag.	*I feel better today.*
Jeg føler meg frisk.	*I feel well / healthy.*
Jeg er frisk som en fisk!	A Norwegian saying: *I am healthy as a fish.*
God bedring!	*Good / speedy recovery!* (Get well soon!)

 ——————— **Grammatikk** ———————

1 Verbs

I have been, He has gone, You have had, all demonstrate the perfect tense of the verb. Past tense describes something which has already happened. Perfect tense is also about the past, but could still be going on:

Jeg har vondt i hodet.	*I have a headache.*	**Present**
Jeg hadde vondt i hodet i går.	*I had a headache yesterday.*	**Past**
Jeg har hatt vondt i hodet hele dagen.	*I have had a headache all day.*	**Perfect**

As in English, the perfect tense is formed with the help of the verb **å ha** (*to have*) and the past participle of the verb. The past participle is sometimes the same as the past tense (as in Group 1 of the weak verbs listed below), but most often it is a different word.

2 Groups of weak verbs

	Infinitive	Present	Past	Perfect (have + past participle)	
Group 1:	å klippe	klipper	klippet	har klippet	(*to cut*)
	å kaste	kaster	kastet	har kastet	(*to throw*)
	å stoppe	stopper	stoppet	har stoppet	(*to stop*)

— **106** —

Group 2: å smile   smiler   smilte   har smilt   (*to smile*)
å røre   rører   rørte   har rørt   (*to move*)
å tenke   tenker   tenkte   har tenkt   (*to think*)

Most weak verbs fall into these two groups. Less usual are these:

Group 3: å leve   lever   levde   har levd   (*to live –
be alive*)

å prøve   prøver   prøvde   har prøvd   (*to try*)

Group 4: å bo   bor   bodde   har bodd   (*to live –
reside*)

å nå   når   nådde   har nådd   (*to reach*)
å tro   tror   trodde   har trodd   (*to believe*)

3 More strong verbs

å drikke   drikker   drakk   har drukket   (*to drink*)
å brekke   brekker   brakk   har brukket   (*to break*)
å hjelpe   hjelper   hjalp   har hjulpet   (*to help*)

å ligge   ligger   lå   har ligget   (*to lie*)
å se   ser   så   har sett   (*to see*)
å si   sier   sa   har sagt   (*to say*)

There is a complete list of weak and strong verbs on page 233–5 at the back of the book.

4 Personal pronouns

In Unit 7 you came across the personal pronouns, and you looked at the possessives. Now look at the object form:

1st	jeg	*I*	meg	*me*	
2nd	du	*you*	deg	*you*	
3rd	han	*he*	ham	*him*	
	hun	*she*	henne	*her*	seg
	den	*it*	den	*it*	
	det	*it*	det	*it*	
1st	vi	*we*	oss	*us*	
2nd	dere	*you* pl.	dere	*you* pl.	
3rd	de	*they*	dem	*them*	seg

The pronouns are used in the same way as in English:

Bente liker John. Bente liker **ham**. Hun liker **ham**.
  (John is the object)
Bente liker Kari og Per. Hun liker **dem**.
  (Kari and Per are the objects)
Jeg skal ringe til **deg**. (you are the object)
Vil du skrive til **meg**? (I am the object)
Vi skal reise til **dem**.
De kommer til **oss**.

5 Reflexive pronouns

Just as the possessive pronoun has a **sin** used in the third person, when the ownership reflects back to the subject, but is not itself the subject, the same applies to the object form:

1st	Jeg setter meg.	*I sit (myself) down.*
2nd	Du setter deg.	
3rd	Han setter **seg**.	
3rd	Hun setter **seg**.	

1st	Vi setter oss.
2nd	Dere setter dere.
3rd	De setter **seg**.

If you say: Han setter **ham**, it would mean that he sits some other male down, a child perhaps.

6 Reflexive verbs

Many verbs are reflexive in Norwegian.

Jeg føler meg dårlig.	*I feel ill.*
Hun føler **seg** dårlig.	*She feels ill.*
Jeg skal gifte meg.	*I shall marry.*
Han skal gifte **seg**.	*He'll marry.*
Vi skal gifte oss.	*We'll marry.*
De skal gifte **seg**.	*They shall marry.*
Jeg liker meg i Oslo.	*I like to be in Oslo.*
Hun liker **seg** i Oslo.	*She likes to be in Oslo.*

7 Some more irregular nouns

et øye	øyet	øyne	øynene	(*an eye*)
et øre	øret	ører	ørene	(*an ear*)
en hånd	hånden	hender	hendene	(*a hand*)
en skulder	skulderen	skuldre	skuldrene	(*a shoulder*)
en finger	fingeren	fingre	fingrene	(*a finger*)
et kne	kneet	knær	knærne	(*a knee*)
en tå	tåen	tær	tærne	(*a toe*)
en fot	foten	føtter	føttene	(*a foot*)

8 au!, æsj!

Exclamations and interjections express reactions or emotions:

Au!	an expression of pain (*ouch!*)
Æsj!	shows irritation or disgust (*yuk!*)
Isj!	more irritation and disgust!
Huff!	grumbling or being irritated
Fy!	showing strong disapproval, and mainly used when talking to children or dogs
Pytt!	*Never mind!*
Stakkars deg!	*Poor you!*
Åh!	expressing delight, amazement or horror, depending on the tone of voice

 ——————— **Øvelser** ———————

1 Fill the gaps with the past tense forms of the verbs in brackets:

(*a*) (**spise**) John ___ reker med majones.
(*b*) (**drikke**) Han ___ et stort glass øl.
(*c*) (**reise**) De ___ på ferie til Amerika.
(*d*) (**ta**) Bente ___ trikken til Frognerparken.

2 Perfect tense this time!

(*a*) (**bo**) De har ___ i Norge i fire måneder.
(*b*) (**tro**) Jeg har ___ at været var bedre.

(c) (**stoppe**)   Han har ___ for rødt lys.
(d) (**brekke**)   John har ___ den høyre armen.

3   Translate the words in brackets into Norwegian. Remember to use the correct forms of the nouns:

John har et (*head*) ___. Han har to (*eyes*) ___, to (*ears*) ___, en (*nose*) ___, og en (*mouth*) ___. Han har to (*arms*) ___ og to (*legs*) ___. Han har ti (*fingers*) ___ og ti (*toes*) ___. Han har vondt ___ i (*the head*) ___ og i (*the stomach*) ___.

4   Insert the correct form of the adjective in brackets:

(a)   Bente har (**brun**) ___ øyne.
(b)   John har (**blå**) ___ øyne.
(c)   John har et (**stor**) ___ sår i hodet.
(d)   Mannen har (**rød**) ___ hår og en (**stor**) ___ nese.

5   Use the possessive pronouns to complete these phrases:

(a)   John har vondt i hodet___ .
(b)   Han har mange sting på armene___ .
(c)   Nesen ___ er som en potet.
(d)   Den tredje sengen er___ .

6   Write the following passage in the present tense (you'll find the correct verb forms in the key at the back of the book):

John våknet i en sykeseng. Han var på Haukeland sykehus. Han hadde vondt alle steder. Legen sa at han ville få noen arr i ansiktet. Han hadde mange sting i hodet og på armene og bena, men han var heldig som ikke var drept.

Bente kom til sykehuset. Hun så at John hadde mange sår i ansiktet. Sykepleieren smilte til John og da sa Bente at det var best om John snart kom hjem.

7   And now translate the same passage into English in the past tense.

Hva du trenger å vite

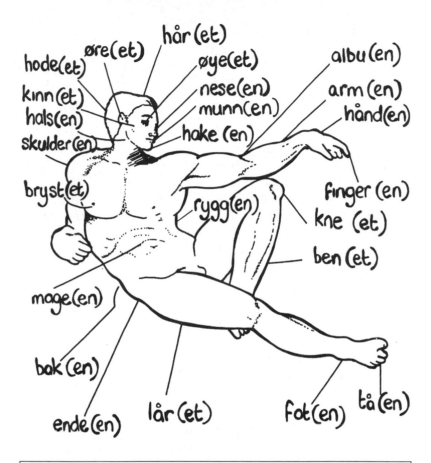

hår (et)
hode (et) øre (et) øye (et) albu (en)
kinn (et) nese (en) arm (en)
hals (en) munn (en) hånd (en)
skulder (en) hake (en)
bryst (et) finger (en)
rygg (en) kne (et)
ben (et)
mage (en)
bak (en)
ende (en) lår (et) fot (en) tå (en)

Trygdekassen This is the national health service in Norway. If you are British, you will get the same benefits as the Norwegians. It is advisable to find out about this, and take out travel insurance if necessary. British tourists should bring an E 111 form (obtainable from any UK post office).

In-patient treatment is free. At **Legevakten** (*casualty*) there is a fixed, modest sum to pay, whatever the amount of treatment. If you go to a GP, you will pay part of his fee yourself, and the doctor will get the rest refunded from Trygdekassen.

Dental treatment for adults is not covered, but certain treatments can be refunded.

Doctor in Norwegian is **lege**, but the title is **doktor**. You address the doctor as **doktor Berg**, **doktor Hansen**, and so on. When written, a capital D is used: Dr. Hansen.

 ——————— **Forstår du?** ———————

You get a terrible stomachache in the night. All night and the next day you vomit and have diarrhoea. As you are not getting better, a doctor is called.

Legen God dag. Jeg er doktor Berg. Hva heter du?
Du *Your name.*
Legen Og hva er i veien med deg?
Du *I have a pain in my stomach.*
Legen Har du diare?
Du *Yes, and I have vomited many times.*
Legen Jeg vil gjerne undersøke deg. Er det i høyre eller venstre side av magen du har vondt?
Du *I have pain in the whole stomach. Ow!*

The doctor gently examines your stomach.

Legen Stakkars deg. Hva spiste du i går?
Du *We went to a restaurant and had prawns and mayonnaise and white wine, then meatballs in gravy with potatoes and salad and red wine. Afterwards we had ice-cream. Then we walked in the streets and had two hot dogs with mustard and later we had some beers in a pub. We had one more hot dog and chips.*
Legen Drikk mye vann og ring til meg hvis du ikke blir bedre. Men jeg tror du vil være frisk som en fisk i morgen.

diare   *diarrhoea*
undersøke   *examine*
majones   *mayonnaise*
kjøttkaker   *meatballs* (en kjøttkake)
brun saus   *gravy* (en)

varm pølse   *hot dog*
sennep   *mustard* (en)
pommes frites   *French fries,
chips*

9

BENTE FÅR JOBB OG
JOHN GÅR PÅ APOTEK
Bente gets a job, and John
goes to the chemist's

In this unit you will learn how to

- buy clothes
- describe clothes, colours and patterns
- buy medicines
- tell the time

 ——————— **Samtale 1** ———————

Mandag 14 september (**mandag fjortende september** = *Monday, the fourteenth of September*) Bente works in a shop where she sells clothes.

Bente arbeider i en butikk som selger klær. Hun fikk jobben for tre uker siden, og hun liker arbeidet. Hun er interessert i klær og moter, og hun liker kontakten med kolleger og kunder. Når hun er på jobben, bruker hun smarte klær og make-up.

Nå er det mandag morgen. En elegant dame kommer inn. Hun ser på kjolene.

Bente   Kan jeg hjelpe Dem? Er det noe spesielt De ser etter?
Damen   Jeg skal i et stort selskap på lørdag. Jeg vil gjerne se på noen kjoler.
Bente   Her er de siste vi har fått inn. Er det noen spesiell farge De liker?

Damen Jeg vil gjerne se på de korallrøde kjolene der. Jeg liker den fargen. Men det er ikke en stil som kler meg. Jeg vil heller ha en kjole med korte ermer og et smalt belte.

Bente Vi har ikke kjoler med belte i den fargen. Men her er en slik kjole i turkis. Den vil passe godt til håret Deres. Denne mønstrete kjolen er også pen, og den grønne og hvite kjolen der tror jeg vil kle Dem godt.

Damen Jeg liker ikke grønt. Jeg blir blek i grønt. Grønt kler meg ikke. Men dette er en pen kjole. Jeg liker stilen. Og de smale stripene er pene. Denne kjolen er penere enn den andre. Jeg vil gjerne prøve denne.

Bente Prøverommet er der borte.

butikk *shop* (en)	**farge** *colour* (en)
klær *clothes* (plural only)	**korallrøde** *coral red* (plural)
fikk *got* (å få)	**stil** _*style* (en)
arbeidet *the work* (et)	**korte** *short* (kort)
interessert *interested*	**kler** *suit / suits* (å kle)
moter *fashions* (en mote)	**ermer** *sleeves* (et erme)
kontakten *the contact* (en)	**smalt** *narrow* (smal)
kolleger *colleagues* (en kollega)	**belte** *belt* (et)
kunder *customers* (en kunde)	**slik** *like this, such*
bruker *wears, uses (å bruke)*	**turkis** *turquoise*
morgen *morning* (en)	**passe til** *go with*
smarte *fashionable* (plural)	**Deres** *yours* (polite)
elegant *elegant*	**mønstrete** *patterned* (mønstret)
kjolene *the dresses* (en kjole)	**blek** *pale*
Dem *you* (object form) (polite you **De**)	**stripene** *the stripes* (en/ei stripe)
skal i *shall attend*	**penere** *prettier*
selskap *party* (et)	**enn** *than*
siste *last*	**prøverommet** *the changing room*
fått *got* (å få)	(et prøverom)

Sant eller usant? 1

(a) Bente liker å arbeide i en butikk som selger klær.
(b) Kunden er en kjedelig gammel dame.
(c) Damen vil gjerne kjøpe en brun kjole.
(d) Damen sier at blått ikke kler henne.

———————— **Samtale 2** ————————

Tirsdag 15 september (tirsdag femtende september = *Tuesday, the fifteenth of September*) Poor John! He is out of hospital, but now he has a cold. He goes to the chemist's.

John var på sykehuset i nesten to uker. Han har bodd hos Bentes familie i to uker, og nå er han helt frisk igjen. Han har noen stygge arr i ansiktet og på den venstre armen og hånden, men legen sa at de ville bli blekere med tiden. Nå skal han reise tilbake til England, for høstsemesteret begynner om en uke. John gleder seg til å studere igjen. Men han vil savne Bente.

Han følte seg dårlig da han våknet den siste morgenen. Han hadde vondt i hodet og i halsen, og han hostet og nøs. Før han reiste til flyplassen, gikk han til et apotek.

Farmasøyten	God dag, kan jeg hjelpe deg?
John	Jeg har vondt i hodet og halsen. Jeg hoster og nyser. Jeg føler meg dårlig.
Farmasøyten	Du er nok blitt forkjølet. Har du feber, tror du?
John	Nei, jeg tror ikke det. Jeg skal reise tilbake til England om noen timer.
Farmasøyten	Jeg kan gi deg noe medisin for hodet og halsen. Du må ikke ta flere piller enn det står skrevet på esken. Du må ikke drikke alkohol mens du tar denne medisinen. Dette er en god hostesaft. Ta en skje tre ganger hver dag. Er du allergisk mot noe?
John	Nei, jeg har ingen allergier.
Farmasøyten	Det er fint. Drikk meget vann, og pass på at du får c-vitaminer. Hvis du ikke er bedre om noen dager, må du se legen din i England. Det blir førtiåtte kroner, takk.
John	Her er hundre kroner. Takk for hjelpen.
Farmasøyten	Her er femtito kroner. God bedring!

stygge	*ugly* (plural)	**forkjølet**	*having a cold*
blekere	*paler*	**feber**	*fever / temperature* (en)
høst	*autumn* (en)	**piller**	*pills* (en pille)
semesteret	*the term / semester* (et)	**står**	*stand/stands* (å stå)
begynner	*begin/begins* (å begynne)	**skrevet**	*written* (å skrive)
savne	*miss* (å savne)	**esken**	*the box* (en eske)
halsen	*the throat / neck* (en)	**hostesaft**	*cough mixture* (en)
hostet	*coughed* (å hoste)	**skje**	*spoon* (en)
nøs	*sneezed* (å nyse)	**allergisk**	*allergic*
apotek	*chemist's* (et)	**allergier**	*allergies* (en allergi)
farmasøyten	*the pharmacist* (en)		

Sant eller usant? 2

(a) John vil ikke reise tilbake til England.
(b) Han har noen stygge arr på føttene sine.
(c) John skal reise om noen uker.
(d) Farmasøyten sier at han er allergisk.

————————— Samtale 3 —————————

Bente works in a shop where she sells clothes. A lively teenager comes in.

Bente Kan jeg hjelpe deg?

Piken Jeg trenger noen nye klær. Jeg er lei av klærne mine! Jeg vil gjerne se på noen smarte bukser først – ikke ola-bukser!

Bente Disse smale buksene har nettopp kommet inn. Vi har alle størrelser i svart og mørkeblått, og noen i grått.

Piken Jeg vil gjerne prøve de mørkeblå buksene der. Har dere en genser i samme farge?

Bente Ja, her er en i lammeull, og den der borte er i bomull.

Piken Genseren i bomull er smartere enn den i lammeull, synes jeg.

Bente Vil du prøve den?

Piken Nei, jeg tror ikke den er stor nok. Jeg vil heller prøve en større genser. Jeg liker store gensere.

Bente Dette er den største vi har. Liker du denne grå genseren her? Jeg liker denne fargen. Den passer til alt.

Piken Jeg tror den er litt mindre enn den andre. Men jeg vil gjerne prøve den også. Og så vil jeg gjerne se på noen skjorter. Jeg liker best rutete skjorter.

Bente Disse skjortene kommer i mange farger. Liker du den mønstrete skjorten der?

Piken Nei, den er stygg! Det er den styggeste skjorten jeg har sett. Vil noen virkelig kjøpe den?

Bente Ja, det er noen som synes at den er lekker. Heldigvis har ikke alle samme smak!

Piken Jeg synes den er fæl! Men jeg liker den rødrutete skjorten der, og den lyseblå der. Nå vil jeg gjerne prøve disse klærne.

Bente Prøverommet er der borte.

ung *young*	**ull** *wool*
henger *hang/hangs* (å henge)	**bomull** *cotton* (en)
bukser *trousers*	**smartere** *smarter*
skjorter *shirts* (en skjorte)	**større** *bigger*
gensere *sweaters* (en genser)	**største** *biggest*
lei av *tired of / fed up with*	**mindre** *smaller*
ola-bukser *jeans*	**rutete** *checked* (rutet)
neltopp *just*	**styggeste** *ugliest*
er kommet *have come* (å komme)	**lekker** *super*
størrelser *sizes* (en størrelse)	**heldigvis** *fortunately*
svart *black*	**smak** *taste* (en)
mørke- *dark-*	**fæl** *gruesome*
grått *grey* (grå)	**rødrutete** *red-checked*
samme *the same*	**lyse-** *light- / pale-*
lammeull *lambswool* (en)	

Sant eller usant? 3

(a) Piken vil gjerne kjøpe ola-bukser.
(b) Bente er lei av klærne sine.
(c) Piken liker store gensere.
(d) Piken synes at den rødrutete skjorten er fæl.

———— Slik sier vi det ————

- Useful expressions for shopping:

Jeg vil gjerne se på...	*I would like to look at...*
Jeg vil gjerne prøve...	*I would like to try...*
Jeg vil gjerne kjøpe...	*I would like to buy...*
Jeg liker denne kjolen.	*I like this dress.*
Jeg liker ikke dette skjørtet.	*I don't like this skirt.*
Denne genseren er smart.	*This sweater is smart.*
Denne jakken er lekker.	*This jacket is super.*
Denne skjorten er fæl!	*This shirt is awful!*
Jeg vil gjerne se på en rødstripet kjole.	*...red striped dress*
Har dere en mørkeblå genser?	*...dark blue jersey*
Jeg vil heller prøve en mønstret jakke.	*...patterned jacket*
Jeg vil heller ha et lyseblått skjørt.	*...pale / light blue skirt*

Denne jakken er for liten.	*This jacket is too small.*
Dette skjørtet er for stort.	*This skirt is too big.*
Har dere en større genser?	*Have you got a bigger sweater?*
Nei, vi har bare mindre størrelser.	*No, we only have smaller sizes.*
Denne jakken er stygg!	*This jacket is ugly!*
Dette er en stygg genser!	*This is an ugly sweater!*
Den fargen kler deg.	*That colour suits you.*
Jeg kler ikke gult.	*Yellow doesn't suit me /* *I don't suit yellow.*
Jeg blir blek i svart.	*I become pale in black.*

- At the chemist's:

Jeg vil gjerne kjøpe hostesaft.	*I would like to buy cough mixture.*
Jeg trenger hodepinetabletter.	*I need headache pills.*
Jeg hoster.	*I cough.*
Jeg nyser.	*I sneeze.*
Jeg klør.	*I am itchy.*
Det klør alle steder!	*I itch all over!*
Jeg trenger noe beroligende!	*I need something to calm me down!*

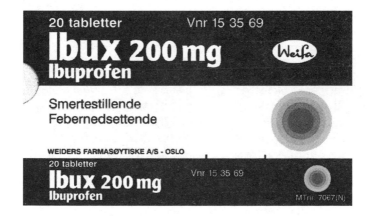

Grammatikk

1 Adjectives: colours/patterns

In Unit 4 there is a list of the adjectives used up to then. Here are some more adjectives as well as a repeat of relevant adjectives.

En	Et	Definite singular + indefinite and definite plural	
blå	blått	blå	(blue)
brun	brunt	brune	(brown)
grønn	grønt	grønne	(green)
grå	grått	grå	(grey)
gul	gult	gule	(yellow)
hvit	hvitt	hvite	(white)
oransje	oransje	oransje	(orange)
rød	rødt	røde	(red)
svart	svart	svarte	(black)
turkis	turkis	turkise	(turquoise)
lyseblå	lyseblått	lyseblå	(light blue)
mørkerød	mørkerødt	mørkerøde	(dark red)
fæl	fælt	fæle	(awful / gruesome)
fin	fint	fine	(fine)
pen	pent	pene	(pretty)
smart	smart	smarte	(smart)
stygg	stygt	stygge	(ugly)
blomstret	blomstret	blomstrete	(flower-patterned)
mønstret	mønstret	mønstrete	(patterned)
rutet	rutet	rutete	(checked)
stripet	stripet	stripete	(stripey)

A reminder of the adjective + noun combination:

en gul jakke	den gule jakken	gule jakker	de gule jakkene	(coat)
et gult skjørt	det gule skjørtet	gule skjørt	de gule skjørtene	(skirt)
en rutet skjorte	den rutete skjorten	rutete skjorter	de rutete skjortene	(shirt)

2   Comparison of adjectives

In English you can compare adjectives like this:

big   *bigger*   *biggest*

Tom is big. Tim is bigger (than Tom). Titch is biggest.

Norwegian is similar:

pen – penere – penest   *pretty – prettier – prettiest*
stygg – styggere – styggest   *ugly – uglier – ugliest*

As in English, many are irregular:

god – bedre – best   *good – better – best*
dårlig – verre – verst   *bad – worse – worst*

One can also compare by using **mer** (*more*) and **mest** (*most*):

Per er sulten.   *Per is hungry.*
Tor er sultnere enn Per.   *Tor is hungrier than Per.*
Tor er mer sulten enn Per.   *Tor is more hungry than Per.*
Kari er sultnest.   *Kari is hungriest.*
Kari er mest sulten.   *Kari is most hungry.*

3   The formal De

If you want to address somebody formally, you would use **De** instead of **du**. **De** has a capital **D**. In earlier times you would have always addressed adults as **De**, and used the surname with a title.

These days most Norwegians are informal, and it is natural to use **du** and first names immediately. If, however, you speak to an elderly person, to your solicitor, doctor, bank manager or child's headmaster, or meet a government minister, bishop or local dignitary, it would be appropriate to say **De** until you get to know each other better. Bente would say **De** to an elderly customer.

De (subject) (*you*)   **Dem** (object) (*you*)   **Deres** (possessive) (*yours*)

4   Synes / tro

These are two very useful verbs when you want to express your feelings:

å synes means *to think, be of the opinion...* whereas **å tro** means *to think, believe.*

Synes du denne fargen kler meg?	*Do you think this colour suits me?*
Nei, jeg synes ikke det.	*No, I don't think so.*
Tror du det vil regne hele dagen?	*Do you think it will rain all day?*
Nei, jeg tror ikke det.	*No, I don't think so.*

5 Telling the time

How to tell the time will be covered fully with exercises in Unit 11. A little basic explanation at this point may be a good idea.

en klokke *a clock*
klokken er... *the time is ... / it is ...*

Klokken er **ti**.	10.00
Klokken er **fem over ti**.	10.05
Klokken er **ti over ti**.	10.10
Klokken er **kvart over ti**.	10.15
Klokken er **ti på halv elleve**.	10.20
Klokken er **fem på halv elleve**.	10.25
Klokken er **halv elleve**.	10.30
Klokken er **fem over halv elleve**.	10.35
Klokken er **ti over halv elleve**.	10.40
Klokken er **kvart på elleve**.	10.45
Klokken er **ti på elleve**.	10.50
Klokken er **fem på elleve**.	10.55
Klokken er **elleve**.	11.00

6 Compound nouns

Many nouns in Norwegian are long but you discover that they consist of two or three shorter words.

legekontor = **lege** (*doctor*) + **kontor** (*office*) (*doctor's surgery*)
tannlege = **tann** (*tooth*) + **lege** (*dentist*)
hjernerystelse = **hjerne** + **rystelse** (*brain shaking*) (*concussion*)

If the two words have different genders, the gender of the last word will decide the gender of the compound noun: **en lege, et kontor**.

Here **kontor** is the last word. **Lege** just tells us what sort of office it is. The gender becomes **et**: **et legekontor, et tannlegekontor**.

You have had many compound nouns so far:

en bilnøkkel *a car key*
et sykehus *a hospital*
en sykeseng *a sickbed*
en sykepleier *a nurse*
en motorsykkel *a motor bike*
en turistinformasjon *a tourist information centre*

Øvelser

1 Fill in the gaps with the correct forms of the adjectives (a) grønn, (b) blå, (c) stripet, (d) pen:

(a) en grønn skjorte   den ___ skjorten   ___ skjorter   de ___ skjortene
(b) et ___ skjørt   det **blå** skjørtet   ___ skjørt   de ___ skjørtene
(c) en ___ sokk   den ___ sokken   ___ sokker   de **stripete** sokkene
(d) en ___ bukse   den ___ buksen   **pene** bukser   de ___ buksene

2 These adjectives are all regular. Write out the comparative and superlative forms of each.

Example: pen (*pretty*) – penere (*prettier*) – penest (*prettiest*)

(a) fæl (*awful*) –
(b) fin (*fine*) –
(c) smart (*smart*) –
(d) blek (*pale*) –

3 Here are some irregular adjectives:

stor	større	størst	(*big*)
liten	mindre	minst	(*small*)

Insert suitable forms of the adjectives:

(*a*) Bentes brødre heter Arne og Tom. Arne er ___ enn Tom.
(*b*) Tom er ___ enn Arne.
(*c*) Tom er ___.
(*d*) Arne er ___.

4 Do you remember these irregular nouns? Fill in the gaps:

(*a*)	en bror	broren	___	brødrene
(*b*)	___	faren	fedre	___
(*c*)	___	___	søstre	___
(*d*)	en mor	___	___	___
(*e*)	___	mannen	___	___

5 Insert the correct forms of the formal **De** in these sentences:

(*a*) Kan jeg hjelpe ___?
(*b*) Vil ___ ha en kopp kaffe?
(*c*) Jeg synes at denne fargen kler ___.
(*d*) Er denne jakken___?

6

å synes	synes	syntes	har	syntes	(*think, be of the opinion*)
å tro	tror	trodde	har	trodd	(*think, believe*)

Which verb would you use in the following?

(*a*) Jeg ___ at den rutete jakken er stygg.
(*b*) ___ du at det blir pent vær i morgen?
(*c*) Jeg ___ ikke at han kommer i dag.
(*d*) ___ du at han er hyggelig?

——————— # Hva du trenger å vite ———————

Norwegian apotek are completely different from British chemists' shops. They are not privately run and sell only medicines and medical appliances. They are staffed by highly trained pharmacists, who are happy to give advice on everyday health problems.

There is not a standard prescription charge; you pay the full price of the medicine prescribed. Some medicines on prescription can therefore be very expensive. Patients with illnesses such as diabetes and various other chronic ailments are exempt from paying.

Many brands which are sold in England are only available on prescription in Norway.

Shampoos, soap, toothpaste and so on which you buy from the chemist in England, are sold at **parfymerier**, or in supermarkets.

klær *clothing*	**strømpe** (en) *stockings*
hatt (en) *hat*	**strømpebukse** (en) *tights*
lue (en) *cap*	**sokk** (en) *sock*
kjole (en) *dress*	**sko** (en) *shoe*
dress (en) *suit* (don't be confused!)	**støvel** (en) *boot*
	frakk (en) *overcoat*
jakke (en) *jacket*	**kåpe** (en) *overcoat* (female)
genser (en) *sweater*	**truse** (en) *pants*
skjorte (en) *shirt*	**underbukse** (en) also *pants*
bluse (en) *blouse*	**trøye** (en) *vest*
bukse (en) *trousers* (pair of)	**bh** (en) *bra*
bukser *trousers* (singular and plural)	**brystholder** (en) *brassiere*
skjørt (et) *skirt*	

Note that all these articles of clothing take the en gender, **except** for **skjørt**!

På apoteket *at the chemist's*	**hodepinetabletter** *headache tablets / pills*
hostesaft *cough mixture*	
reisesykemiddel *travel sickness remedy*	**medisin mot diare** *medicine for diarrhoea*
plaster *plaster*	**medisin mot forstoppelse** *medicine for constipation*
støttebandasje *elastic bandage*	

Forstår du?

You go to a shop to look for a real Norwegian sweater. You are looking at different patterns when the saleslady comes up to you:

Damen Kan jeg hjelpe Dem?

Du (thinking to yourself: She says 'De'!! Do I look that old?)
Yes, I would like to look at the Norwegian sweaters.

Damen Disse grå og hvite med litt rødt på skuldrene er de dyreste.
De mørkeblå og hvite der borte er de billigste. De koster
200 kroner. De svarte og hvite er litt dyrere, men de er
meget pene.

Du *I like the most expensive best. But I think they are too expensive. I would like to try the black and white one.*

Damen Vi har tre mønstre. Disse har bare litt mønster, og de der
borte har små troll. Denne har snøfnugg. Jeg synes denne
er penest. Jeg tror den vil kle Dem godt.

Du *Is this my size? I have eaten too much here in Norway.*

Damen Jeg tror De skal prøve den største. De er ikke liten!

skuldrene *the shoulders* (en skulder)	**mønstre** *patterns* (et mønster)
dyreste *most expensive*	**troll** *trolls* (et troll)
dyr *expensive*	**snøfnugg** *snowflakes*
billigste *cheapest*	(et snøfnugg)
billig *cheap*	

10
JOHN OG BENTE
— ## GÅR I SELSKAP —

John and Bente go to parties

In this unit you will learn

- about Norwegian party customs
- what to say to your hosts during and after a party
- how to say the months and dates

——————— ## Samtale 1 ———————

Fredag 16 november (**fredag sekstende november** = *Friday the sixteenth of November*) John is spending a couple of days in Norway. He and Bente will have supper with some of Bente's friends, Hilde and Erik.

John er på et kort besøk i Norge. Han møter Bente i Oslo. De har savnet hverandre, og de er glade for å være sammen igjen i noen dager. John går fremdeles på norsk-kurs, og nå er han blitt flink til å snakke norsk.

I kveld skal de spise aftens hos Bentes beste venninne fra skoletiden. Hilde arbeider i en stor bank. Samboeren hennes heter Erik. Han er ingeniør og har jobb i et stort firma. De har en hyggelig leilighet nord for Oslo.

Bente ringer på dørklokken og Erik åpner døren:

Erik   Hei, Bente! Og dette er John. Velkommen til oss, John! Kom inn!

Bente Hei på dere! Så festlig å se dere begge! Det er lenge siden sist.

Hilde   Vi gleder oss til å bli kjent med deg, John! Nå skal vi ha en drink. Vil dere ha vin eller eplesaft? Erik vil ha hvitvin og jeg har tatt meg et glass rødvin på kjøkkenet.

John   Eplesaft til meg, takk, men Bente vil sikkert ha et glass vin.

De har en drink og prater litt mens de ser på leiligheten og beundrer den fine utsikten over Oslo og fjorden. Så setter de seg ved bordet i det koselige kjøkkenet. Det er lys på bordet, og Hilde har laget en deilig gryterett. Før de begynner å spise, løfter Erik glasset sitt og sier:

Erik   Skål, og velkommen til oss, begge to. Hilde og jeg har gledet oss til å ha dere her.

Bente, John og Hilde løfter glassene sine. De smiler til hverandre og sier: Skål! Så drikker de litt vin, og ser hverandre i øynene før de setter glassene ned på bordet.

Hilde   Nå skal vi spise og hygge oss. Vær så god, forsyn dere!

Maten er god. De spiser og snakker sammen. Til dessert er det ost og frukt.

Når de har spist, sier Bente og John: 'Takk for maten', og Erik gir Hilde en klem.

Så drikker de kaffe.

Bente Vi må ikke være sene i kveld. I morgen skal vi reise til Kristiansand. Det er mormors åttiende fødselsdag, og vi skal i et stort familieselskap.

John   Tusen takk for i aften. Det har vært en veldig hyggelig kveld.

Hilde   Det synes jeg også. Kom snart igjen!

Erik   På gjensyn, begge to!

kort *short*	**skoletiden** *schooldays* (en)
besøk *visit* (et)	**samboeren** *the live-in partner*
igjen *again / once more*	(en samboer)
fremdeles *still*	**ingeniør** *engineer* (en)
flink *clever*	**firma** *firm* (et)
aftens *supper* (en)	**dørklokken** *the doorbell*
venninne *friend* (female)	(en dørklokke)

åpner open / opens (å åpne)	**lys** lights / candles (et lys)
velkommen welcome	**deilig** delicious
festlig great / festive	**gryterett** casserole (en)
sist last / last time	**løfter** lift / lifts (å løfte)
bli kjent get to know	**hygge seg** have a pleasant time /
å kjenne to know	enjoy oneself (å hygge seg)
drink drink (en)	**forsyn dere** help yourselves
eplesaft apple juice (en)	**å forsyne seg** to help oneself
kjøkkenet the kitchen (et)	**setter** put/puts (å sette)
prater chat / chats (å prate)	**dessert** dessert (en)
beundrer admire / admires (å	**frukt** fruit (en)
beundre)	**åttiende** eightieth
setter seg sit down/sits down (å	**fødselsdag** birthday (en)
sette seg)	**familieselskap** family party (et)
koselige cosy / pleasant (plural)	

Sant eller usant? 1

(a) Bente og John skal spise frokost hos vennene sine.

(b) Erik sier 'Skål' før de begynner å spise.

(c) De spiser en deilig gryterett på kjøkkenet.

(d) John sier at maten er fæl.

 ———————————— **Tekst 2** ————————————

Lørdag 17 november (**lørdag syttende november** = *Saturday the seventeenth of November*) Here you can read about Bente's grandmother's birthday party:

John og Bente reiste med tog til Kristiansand tidlig lørdag morgen. Hele Bentes familie hadde alt kommet, og tante Maiken fra Oslo reiste sammen med Bente og John.

Morfar hadde bestilt en stor middag for mormor på et hotell. Noen av mormors venner og venninner var også invitert, så det var tjuefire gjester.

Alle sa: 'Gratulerer med dagen' til mormor, som smilte det gode smilet sitt. Hun var virkelig pen, syntes Bente, med det tykke, hvite håret og de smilende, blå øynene. Hun hadde en ny, grønnstripet kjole.

Da alle hadde satt seg ved det festlige bordet, sa morfar 'Skål' og ønsket alle velkommen.

Maten var deilig. Til forrett var det røkelaks og eggerøre med gressløk. Så fulgte lammestek med poteter og mange grønnsaker. Til dessert var det karamellpudding.

Det var mange taler. Morfar holdt en vakker tale for sin kjære kone. Mormor ble litt rørt og måtte tørke bort en tåre. Alle skålte for mormor og ønsket henne mange gode år videre.

Bentes mor holdt tale om det gode barndomshjemmet som hun og de to søstrene hennes hadde hatt, og Liv, som var den eldste av barnebarna, holdt en god liten tale for mormor. Noen av vennene talte også, og det var mye skåling. Til slutt var det Bentes fars tur. Han satt til venstre for mormor, og da var det hans plikt å si 'takk for maten' på vegne av gjestene. Far var morsom, og alle lo.

Etterpå var det kaffe og marsipankake i den store stuen.

John forstod ikke alt som ble sagt, men han syntes det var et veldig spesielt selskap.

---

tidlig   *early*
alt   *already* (en)
invitert   *invited* (å invitere)
gjester   *guests* (en gjest)
gratulerer   *congratulate /*
   congratulates (å gratulere)
smilet   *the smile* (et)
smilende   *smiling*
satt seg   *sat down* (å sette seg)
ønsket   *wished* (å ønske)
forrett   *starter* (en)
røkelaks   *smoked salmon* (en)
eggerøre   *scrambled eggs* (en)
gressløk   *chives* (en)
fulgte   *followed* (å følge)
lammestek   *roast lamb* (en)
grønnsaker   *vegetables* (en)
karamellpudding   *creme caramel*
   (en)
taler   *speeches* (en tale)
holdt   *held* (å holde)

holde en tale   *make a speech*
kjære   *dear*
kone   *wife* (en)
ble   *became* (å bli)
rørt   *moved / touched*
måtte   *had to*
tørke   *wipe*
tåre   *tear* (en)
barndomshjemmet   *childhood*
   home (et barndomshjem)
skåling   *toasting*
til slutt   *at the end*
tur   *turn* (en)
satt   *sat* (å sitte)
plikt   *duty*
på vegne av   *on behalf of*
morsom   *amusing*
lo   *laughed* (å le)
marsipankake   *marzipan cake* (en)
stuen   *the sitting room* (en stue)
forstod   *understood* (å forstå)

Sant eller usant? 2

(a) Bentes bror holdt en god tale for mormor.
(b) Det var morfars fødselsdag.
(c) John likte ikke maten.
(d) Alle sa 'Gratulerer med dagen' til Bente.

 ─────────── **Samtale 3** ───────────

Tirsday 19 november (**tirsdag nittende november** = *Tuesday, the nineteenth of November*) Tomorrow John is returning to England. This evening some friends are coming.

John skal reise tilbake til England i morgen, onsdag tjuende november. I kveld er noen av Bentes venner invitert til aftens. Mor og far vil ikke være hjemme. De skal gå på kino. Elisabeth og hennes venn, Trygve, får være der, men Arne og Tom skal overnatte hos noen venner.

Bente har bestilt mange store pizza'er og hun har bakt en stor bløtkake. John har kjøpt øl og mineralvann. Pop-musikken fra stereo-anlegget er høy når gjestene kommer.

Venner Så festlig å se deg igjen, John! Dumt at du skal reise i morgen!

John Ja, det er dumt. Men Bentes foreldre har invitert meg hit i julen. Det er ikke lenge til jul.

Lisa Jeg elsker pizza! Jeg kunne spise pizza hver dag.

Ivar Vil du ha en øl, Lisa? Jeg skal bare drikke saft i aften, så jeg kan kjøre deg hjem.

Knut Dette er fin musikk. Kom og dans med meg, Bente!

John Dette er vår dans, Inger. Kos å se deg igjen. Vi hadde mye moro i sommer, ikke sant?

Inger Fint at du kunne komme hit nå, John. Du har ikke glemt å snakke norsk, hører jeg!

John Jeg håper å få jobb i Norge senere. Men det kan vi snakke om når musikken ikke er så høy!

Det ringer på døren. Bente åpner og der står en nabo. Han er sint.

Mannen Vil dere dempe musikken! Jeg kan ikke høre TV'en min!

Bente Unnskyld! Den er visst litt for høy. Jeg skal dempe den med en gang.

Mannen går, og Bente slår musikken ned. Så spiser de mer pizza og kake mens de prater om julen og hva de skal gjøre da. Elisabeth er så glad for å få være sammen med Bente og vennene hennes. Hun sier at hun og Trygve skal vaske opp. Da blir Bente både glad og forbauset.

Mor og far kommer hjem. Siden det er arbeidsdag i morgen, går gjestene hjem tidlig. De sier 'god natt' og 'takk for i kveld'. Elisabeth og Trygve vasker opp og rydder, mens Bente og John snakker med Bentes foreldre.

tjuende *twentieth*	**koselig**)
overnatte *stay overnight*	**moro** *fun* (en)
bakt *baked* (å bake)	**ikke sant** *not true / 'isn't it'*
bløtkake *sponge cake* (en)	**glemt** *forgotten* (å glemme)
mineralvann *mineral water* (et)	**håper** *hope / hopes* (å håpe)
musikken *the music* (en)	**nabo** *neighbour* (en)
anlegget *the centre / installation* (et)	**dempe** *dim / turn down*
dumt *silly / stupid / boring*	**TV'en = televisjonen** *the television* (en)
julen *the Christmas* (en)	**visst** *certainly*
elsker *love / loves* (å elske)	**slår ned** *turn down/turns down*
i aften *this evening*	**kake** *cake* (en)
dans *dance* (å danse)	**forbauset** *surprised* (å forbause)
dans *dance* (en)	**siden** *as*
kos *nice / lovely* (slang for	**arbeidsdag** *working day* (en)

Sant eller usant? 3

(a) Bente og John skal ha vennene sine til aftens.
(b) Bentes søster, Elisabeth, vasker opp og rydder.
(c) Gjestene går tidlig hjem.
(d) John skal komme til Bentes familie i julen.

Slik sier vi det

- Congratulations:

    Gratulerer med dagen!   *Happy birthday!*
    Alt godt for dagen!   *All the best for 'the day'!*

- Greetings:

Velkommen!	*Welcome!*
Velkommen til oss!	*Welcome to us!*
Velkommen til bords!	*Welcome to the table!*
Skål og velkommen!	*Here's to the guests!*

- At dinner:

Vær så god.	*Please = come and eat.*
Vær så god forsyn deg.	*Please help yourself.*
Vil du ha litt mer?	*Would you like a little / some more?*
Vil du ha litt til?	*Would you like some more?*
Ja, takk!	*Yes, please!*
Nei takk.	*No, thank you.*
Nei takk, jeg er forsynt.	*No thank you, I am satisfied, I've had enough.*
Nei takk, nå har jeg spist nok.	*No thank you, I have eaten enough now.*
Det smaker godt / deilig.	*It tastes good / delicious.*

- The toast / after dinner:

Jeg vil gjerne holde en tale for...	*I would like to make a speech / pay a tribute to...*
Jeg vil gjerne si noen ord...	*I would like to say a few words...*
Skål for mormor!	*A toast for Granny!*
Skål for vertinnen!	*A toast for the hostess.*

- The 'thank-you's:

Takk for maten!	*Thank you for the food / meal.*
Velbekomme.	*'Don't mention it'.*
Takk for i dag!	*Thank you for today!*
Takk for i aften!	*Thank you for this evening!*
Takk for meg!	*Thank you for having me!*

- Phoning the host the next day:

Takk for i går!	*Thank you for last night / yesterday!*

- If some time has passed, or if you write a note:

  Takk for sist!   *Thank you for last time!*
  Det var en veldig hyggelig aften. *It was a very pleasant evening.*

 ——————— # Grammatikk ———————

1 Ordinal numbers

Perhaps you have noticed that at the beginning of each unit there is a date where an ordinal number is used. In this unit each dialogue or text has a different date. The ordinal numbers are as follows:

1st	første	21st	tjueførste
2nd	andre	22nd	tjueandre
3rd	tredje		
4th	fierde		
5th	femte	30th	trettiende
6th	sjette	40th	førtiende
7th	sjuende	50th	femtiende
8th	åttende	60th	sekstiende
9th	niende	70th	syttiende
10th	tiende	80th	åttiende
11th	ellevte	90th	nittende
12th	tolvte		
13th	trettende		
14th	fjortende		
15th	femtende		
16th	sekstende		
17th	syttende		
18th	attende		
19th	nittiende		
20th	tjuende		

2 The months

januar	juli
februar	august
mars	september
april	oktober
mai	november
juni	desember

The months, like the days of the week, do not have capital letters, except at the start of a sentence.

3 Dates

This is how you write the date:

Fredag trettende august 1997.   *Friday thirteenth August 1997*

or

13 august 1997

or

13.8.97.

4 Prepositions

Til (*to*), **fra** (*from*), **på** (*on*), **i** (*in, for*), **med** (*with*), **ved** (*by*), **etter** (*after, behind*), **om** (*about, in*), **over** (*over*), **under** (*under*), **av** (*of*), are called prepositions.

Kari sitter ved bordet.	*Kari sits / is sitting at the table.*
Kari sitter på bordet.	*Kari sits on the table.*
Kari sitter under bordet.	*Kari sits under the table.*

In Norwegian, as in many other languages, prepositions have more than one meaning. This can be confusing. Some preposition phrases are worth remembering:

Min tykke tante skal være her om tre uker.	*My fat aunt will be here in three weeks.*
Min tykke tante skal være her i tre uker.	*My fat aunt will be here for three weeks.*

5 Time expressions

Prepositions are also used to express time.

i dag	*(today)*
i morgen	*(tomorrow)*
i går	*(yesterday)*
på torsdag	*(on Thursday)*
om morgenen	*(in the morning / mornings)*
om kvelden	*(in the evening / evenings)*
i morges	*(this morning)*

6 Verbs: legge / ligge, sette / sitte

å legge *(to lay / put)*	legger	la	har lagt
å ligge *(to lie)*	ligger	lå	har ligget

Jeg legger boken på bordet.	*I lay / put the book on the table.*
Boken ligger på bordet.	*The book lies on the table.*

å sette *(to set / place)*	setter	satte	har satt
å sitte *(to sit)*	sitter	satt	har sittet

Jeg setter glasset på bordet.	*I place / set the glass on the table.*
John sitter ved bordet.	*John sits by the table.*

If you put something flat or wide, like a book, on the table, you would use **legge**. If you place something which stands, like a vase or a glass, you would use **sette**.

In Unit 8 you looked at the reflexive verbs: **legge** and **sette** also have reflexive forms:

Jeg legger meg.	*I lie down / go to bed.*
Hun legger seg.	*She lies down / goes to bed.*
Vi setter oss.	*We sit down.*
De setter seg.	*They sit down.*

7 Past participles as adjectives

In Unit 8 you saw that the perfect tense consisted of **ha** *have* + the past participle of the verb:

å brekke (*to break*)
han brekker (*he breaks*)
han brakk (*he broke*)
han har brukket (*he has broken*)

Brukket is the past participle of the verb.

Some past participles, but not all, can be used as adjectives. **Brukket** is one of these:

et brukket ben	*a broken leg / bone*
en forbauset mann	*a surprised man*
dempet musikk	*soft, quiet music*
en invitert gjest	*an invited guest*

 ——————— **Øvelser** ———————

1 Insert a suitable preposition to complete these sentences. The first two are suggested for you:

(*a*) Kari vil gjerne reise (*to*) ___ Amerika.
(*b*) Flasken er (*on*) ___ bordet.
(*c*) John kjørte ___ byen.
(*d*) Han har et kart ___ Oslo.
(*e*) De sitter ___ bilen.

2 Time expressions:

(*a*) Jeg kommer ___. (*today*)
(*b*) Tom var her ___. (*yesterday*)
(*c*) ___ spiste jeg frokost. (*this morning*)
(*d*) Jeg spiser frokost. (*in the morning*)
(*e*) Han skal komme hit ___ onsdag. (*on*)

3 Insert ordinal numbers following the guide in brackets:

(*a*) Jeg skal reise til New York (*4th*) ___ august.
(*b*) Min fødselsdag er (*16th*) ___ september.
(*c*) John kom til Bergen (*26th*) ___ juni.
(*d*) Det var (*1st*) ___ gangen han var i Norge.
(*e*) I dag er det torsdag (*9th*) ___ mars.

4 Do you remember the cardinal numbers? Write these out in words in Norwegian:

(*a*) 5
(*b*) 12
(*c*) 14
(*d*) 47
(*e*) 69

5 What would you say in these situations?

(*a*) Wishing someone a 'Happy birthday'.
(*b*) Welcoming someone to your house.
(*c*) Asking if your guest would like some more food.
(*d*) Saying that you have had enough.
(*e*) Thanking someone for a meal.

6 What are the definite singular forms of these adjectives and nouns?

(*a*) en sint nabo   den...
(*b*) et spesielt selskap
(*c*) en koselig kveld
(*d*) en deilig bløtkake
(*e*) et stort smil

7 What are the indefinite singular forms of these adjectives and nouns?

(*a*) gode venner   en...
(*b*) kjedelige gjester
(*c*) store kaker
(*d*) snille søstre
(*e*) dårlige brødre

8 Insert the verbs **ligge / legge**, **sitte / sette** as required by the English prompts in brackets:

(*a*) John (*puts / places*) ___ glasset på bordet.
(*b*) Bente (*sat*) ___ ved bordet.
(*c*) Gutten (*lies*) ___ i sengen.
(*d*) Bøkene (*lay*) ___ there.
(*e*) De (*sit*) ___ i bilen.

9 Insert the missing verbs (look at Unit 8 if you are not sure):

	Infinitive	Present	Past	Perfect
	å være	**er**	**var**	**har vært**
(a)	å smile	___	smilte	___
(b)	å tenke	___	___	har tenkt
(c)	___	kaster	___	har kastet
(d)	å drikke	___	___	___
(e)	å se	___	så	___

——— Hva du trenger å vite ———

Special occasions: significant birthdays are celebrated in Norway – usually the 18th, 21st, 50th, 60th, 65th, 70th and 80th. These birthdays are often marked with a big dinner party, either at home or in a private room in a restaurant.

Other occasions are christenings, confirmation parties, weddings and funerals. They tend to follow a certain pattern and can be rather formal.

In Unit 3 you read about how to say **Skål**. This is done frequently at dinners. The host will usually wish everyone welcome and say **skål** before the food is served. Then the guests will pick out whoever they want to drink with throughout the meal. Saying **skål** can be friendly or flirtatious – that is up to you!

Norwegians love making speeches, and there are often many of them – perhaps too many. The speeches also follow a special order, and it is common that one person is asked to be 'toastmaster' in order to keep the proceedings under control.

At the end of the meal, the gentleman sitting in the place of honour to the left of the hostess will make a speech to thank the hostess for the meal on behalf of the other guests. Sometimes the guest will be told in advance and can prepare a speech.

When leaving the table, everyone will shake hands, or kiss, the host and the hostess, saying **takk for maten**.

GOD
JUL!

 ——————— **Forstår du?** ———————

You are in Oslo and you have met up with Martin, the lorry driver from Unit 5. He invites you to go with him to see some friends of his.

You   *I hope you can find where your friends live! You didn't know Oslo very well in July!*

Martin   Jo, jeg vet hvor pikene bor. De er søstre og heter Else, Mai og Liv. De har en stor, gammel leilighet ved Frognerparken.

You take the tram to Frognerparken, and Martin finds the girls' flat. He rings the doorbell and the door is opened.

Martin   Hei, Mai! Dette er min engelske venn, ___. Vi håper å få en kopp kaffe.

Mai   Så hyggelig å se dere. Kom inn! Else er ikke hjemme, men Liv og jeg er her.
Du   *Martin asked me to come. I hope it is all right (in order).*
Mai   Velkommen til oss! Kanskje vi kan snakke engelsk senere. Her er Liv.
Liv   Fint at dere kom! Nå skal jeg lage vafler og kaffe, og så kan du fortelle oss om London. Jeg skal reise dit snart.
Martin   Jeg er sulten, og jeg elsker vafler!

You have a pleasant evening eating waffles and drinking coffee. You remember to say: **takk for maten**. As you leave, you say:

Du   *Thank you for having me.*
Liv og Mai På gjensyn!

vafler *waffles* (en vaffel)	**fortelle** *tell* (å fortelle)

11

GOD JUL!
GODT NYTTÅR!

Happy Christmas! Happy New Year!

In this unit you will learn:

- what to write on Christmas cards
- how to enjoy a Norwegian Christmas
- more about telling the time

 ——————— **Samtale 1** ———————

Torsdag 20 desember (**torsdag tjuende desember**) John has arrived to spend Christmas with Bente's family. It is now evening, a couple of days before Christmas, and Bente and John are sitting in the kitchen writing Christmas cards.

Nå er klokken kvart på åtte. Far ser på Dagsnytt, mens mor leser avisen. Elisabeth og Tom har laget marsipan, som de har farget gul, grønn og lyserød. Nå former de marsipanen til små frukter.

Bente og John skriver julekort.

Bente   Hvis vi poster disse kortene i kveld, kommer de kanskje frem til julaften. Vi skulle ha skrevet dem før!

John   Jeg er alltid sen med julekortene mine. Hvorfor sier du ikke God Jul og God Nyttår?

Bente   Så dum du er! Du vet da at det er 'en' jul og 'et' nyttår! ET år!

John   Ja, selvfølgelig. Men jeg kan ikke huske alt!

Bente   Du er veldig flink til å snakke norsk. Du kan skrive 'God Jul og Godt Nyttår' eller 'Alle gode ønsker for Julen og det Nye Året'. Vil du skrive navnet ditt på disse kortene som jeg har skrevet?

John   Ja, og så må du skrive en hilsen på disse. Kortet med juletreet er til mine foreldre, og det med den tykke julegrisen er til søsteren min. Bestemor skal få det kortet der. Jeg liker bildet med snø og fjell.

Mor   Nå skal vi alle ha en kopp kaffe og smake på julekakene. Det er et TV program om norske juleskikker klokken ti på ni. Det vil være interessant for John. Men hvor er Arne? Jeg sa at han skulle være hjemme klokken kvart over åtte senest. Den gutten trenger et alvorsord!

Tom   Vil dere smake marsipanen vår? Men dere må ikke spise alt!

John   Hvorfor er ikke juletreet ferdig pyntet?

Mor   Vi pynter aldri juletreet før den tjuetredje desember. Og lysene tenner vi om kvelden på selve julaften.

lurer på *wonder / wonders* (å lure på)	**farget** *coloured* (å farge)
feire *celebrate* (å feire)	**former** *shape / shapes* (å forme)
egen *own*	**poster** *post / posts* (å poste)
halv *half*	**kommer frem** *get there*
halv fem *half past four / 'half to five'*	**julaften** *Christmas Eve* (en)
fire-femtiden *between four and five o'clock*	**kyss** *kiss* (et)
rart *strange*	**selvfølgelig** *of course*
vant til *used to*	**ønsker** *wishes* (et ønske)
måltid *meal* (et)	**hilsen** *greeting* (en)
hoved *main*	**aldri** *never*
kvart på / over *quarter to / past*	**juletreet** *the Christmas tree* (et)
Dagsnytt *the main news*	**tre** *tree* (et)
leser *read / reads* (å lese)	**julegrisen** *the Christmas pig* (en) (pigs are associated with Christmas as pork is probably eaten by most Norwegians on Christmas Eve)
avis *newspaper* (en)	
marsipan *marzipan* (en)	**gris** *pig* (en)

bilde *picture* (et)	**interessant** *interesting*
snø *snow* (en)	**ferdig** *ready*
smake *taste* (å smake)	**pynter** *decorate / decorates* (å pynte)
julekakene *the Christmas cakes* (en)	**aldri** *never*
program *programme* (et)	**tenner** *light / lights, turn on / turns*
juleskikker *Christmas traditions*	*on* (å tenne)
skikk *tradition / habit* (en)	**selve** *itself*

Sant eller usant? 1

(a) Arne og Tom lager marsipan, som de former til frukter.
(b) John og Bente skriver julekort til Johns familie.
(c) John er alltid tidlig med julekortene sine.
(d) Mor synes det er for sent å drikke kaffe.

 ———————— **Tekst 2** ————————

> **Julaften. Mandag 24 desember (mandag tjuefjerde desember)** Klokken er halv elleve. John står ved vinduet og ser ut på alle lysene i byen. Det har vært en fin dag, og John er glad for at han har fått oppleve en norsk julaften.
>
> Klokken fire gikk hele familien i kirken til den tradisjonelle barnegudstjenesten. Kirken var full, og John kjente mange av julesangene. Da de kom ut, ringte alle kirkeklokkene i byen.

Bente   Nå ringer kirkeklokkene i hele Norge. Nå er det jul. God Jul alle sammen!

> Da de kom hjem, ble juletreet tent. De hadde pyntet det sent i går kveld etter at guttene hadde lagt seg. Nå sto det der og lyste med glitter og norske flagg, og med pynt som barna hadde laget da de var små. Under treet lå mange presanger.
>
> Klokken sju spiste de julemiddag. Det var tradisjon å ha 'pinnekjøtt' med øl og dram. Til dessert var det multer og krem. John syntes det var et deilig og spesielt måltid.
>
> Etter middag var Tom og Trond utålmodige. Nå var det snart presanger! Men de måtte vente til alt var ryddet, kaffe og julekaker på bordet og lille Anne i seng før far gikk bort til juletreet.

Far   Er det noen snille barn her, da?
Arne, Tom og Trond   Ja! ja! ja!

Presangene ble delt ut i tur og orden. Alle gledet seg over hva de andre fikk og over sine egne presanger. John fikk en vakker bok med bilder fra hele Norge, og en fin, norsk genser.

Mor   Jeg synes vi skulle gå rundt juletreet og synge noen julesanger.

Alle holdt hverandre i hendene og gikk sakte rundt juletreet mens de sang: 'Jeg er så glad hver julekveld' og 'Glade jul'.

---

vinduet *the window* (et)	**under** *under*
oppleve *experience* (å oppleve)	**presanger** *presents* (en presang)
kirken *the church* (en kirke)	**tradisjon** *tradition* (en)
tradisjonelle *traditional*	**pinnekjøtt** *steamed lamb* (see **hva**
barnegudstjenesten *the children's*	**du trenger**)
service	**dram** *a tot of aquavit* (en)
gudstjeneste *church service* (en)	**multer** *cloudberries* (en multe)
julesangene *the Christmas carols*	**krem** *whipped cream* (en)
(en julesang)	**utålmodige** *impatient*
kirkeklokkene *the church bells*	**delt ut** *handed out* (å dele *to*
(en kirkeklokke)	*share,* å dele ut *to hand out*)
lagt seg (laid themselves down)	**i tur ogorden** *one by one* (en)
gone to bed (å legge seg)	**bok** *book* (en)
sto *stood* (å stå)	**synge** *sing* (å synge)
lyste *glowed* (å lyse)	**sakte** *slow / slowly*
glitter *tinsel* (et)	**rundt** *round*
flagg *flags* (et flagg)	**julekveld** *Christmas Eve* (en)
pynt *ornaments* (en pynt)	**Glade jul** *Silent Night*

Sant eller usant? 2

(*a*) Familien spiste middag før de gikk til barnegudstjenesten.
(*b*) Alle presangene lå under juletreet.
(*c*) Barna hadde laget pynt til juletreet da de var små.
(*d*) John ga Bente en fin bok med bilder fra Norge.

Samtale 3

Nyttårsaften. Mandag 31 desember (mandag trettiførste desember) Bente og John feiret nyttårsaften hos Hilde og Erik i Oslo. Det var andre venner der også, og det var så vidt plass til åtte gjester rundt kjøkkenbordet til en sen middag i den koselige, lille leiligheten. Ute var det kaldt, og det hadde snødd hele dagen.

Nå er klokken ti på tolv. Erik åpner to flasker musserende vin og Hilde setter høye glass på bordet. Bente åpner døren til balkongen. Plutselig begynner et fantastisk fyrverkeri. Himmelen lyser i alle farger, og det smeller og bråker.

Erik Klokken er tolv. Godt Nyttår, alle sammen! Godt Nyttår, Hilde!

Han kysser Hilde.

Alle sier: Godt Nyttår! til hverandre og alle klemmer hverandre. Nå ringer alle kirkeklokkene, mens rakettene farer mot den mørke himmelen.

Klokken er ti over tolv. Det blir kaldt å stå i den åpne døren. Hilde lukker den. Så sier de 'Skål' til hverandre og ser hverandre i øynene.

Bente og John har armene rundt hverandre.

Bente Godt Nyttår, John, og takk for det gamle.
John Takk i like måte. Jeg er glad jeg har truffet deg.
Bente Jeg lurer på om vi skal være sammen neste nyttårsaften?
John Det håper jeg! Skål for oss, Bente.
Bente Skål, John!

Fyrverkeriet er nesten over. Snøfnuggene danser i luften. Klokken er halv ett, og nyttårsselskapet er over.

nyttårsaften *New Year's Eve*	**lyser** *shine / shines* (å lyse)
så vidt *just about*	**smeller** *bang / bangs* (å smelle)
snødd *snowed* (å snø)	**bråker** *make / makes a noise*
ti på *ten to*	(å bråke)
musserende *sparkling*	**kysse** *kiss / kisses* (å kysse)
høye *tall* (pl)	**klemmer** *hug / hugs* (å klemme)
balkongen *the balcony* (en)	**rakettene** *the rockets* (en rakett)
fyrverkeri *fireworks* (et)	**farer** *travel / travels* (å fare)
himmelen *the sky / heaven* (en)	**ti over** *ten past*

---

lukker   *shut / shuts* (å lukke)
takk i like måte   *thank you the same*
truffet   *met* (å treffe)

luft   *air* (en)
halv ett   *half to one / half past twelve*

Sant eller usant? 3

(a) Bente og John feirer nyttårsaften sammen med Bentes familie.
(b) Døren til balkongen er ikke åpen, men de hører kirkeklokkene.
(c) Det er et fantastisk fyrverkeri fordi det er nyttår.
(d) Selskapet er over klokken ett.

--- **Slik sier vi det** ---

- Wishing people a Merry Christmas and a Happy New Year:

God Jul!	*Happy Christmas!*
Godt Nyttår!	*Happy New Year!*
Alle gode ønsker for Julen og det Nye Året!	*All good wishes for Christmas and the New Year!*
Godt Nyttår og takk for det gamle!	*Happy New Year and thank you for the old one!*
Takk det samme!	*Thank you, the same!*
Takk i like måte!	*Thank you, the same!*
Jeg håper du får et godt Nytt År!	*I hope you will have a good New Year!*

- Expressions concerning the time:

Hva er klokken?	*What is the time?*
Hvor mange er klokken?	*What is the time? How much is the time?*
Klokken er kvart på seks.	*It is a quarter to six.*
Den er kvart på seks.	*It is a quarter to six.*
Den er halv ni.	*It is* (half to nine) *half past eight.*
Er den halv ni alt?	*Is it half past eight already?*
Det er sent!	*It is late!*
Jeg skal reise tidlig i morgen.	*I shall travel early tomorrow.*
Jeg skal reise klokken halv sju.	*I shall travel at half past six.*
Når skal du legge deg?	*When will you go to bed?*

Jeg skal legge meg klokken tolv. *I shall go to bed at twelve.*
Han legger seg kvart på ti. *He goes to bed at a quarter to ten.*
Når står du opp? *When do you get up?*
Jeg står opp ti på åtte. *I get up at ten to eight.*
Jeg vil helst sove hele dagen! *I would rather sleep the whole day!*

 ——————— **Grammatikk** ———————

1 å få, får, fikk, har fått *(to get / receive)*

This verb can have several different meanings:

(*a*) Asking or giving permission:

Får jeg komme inn? *May I come in?*
Kan jeg få snakke med Kari? *May I speak to Kari?*
Du kan få lov til å spise hele *You have permission to eat the*
 kaken. *whole cake.*

(*b*) To manage, be able to or to get a chance to:

Han får ikke sove når det er lyst. *He can't sleep when it is light.*
Jeg fikk høre at hun var syk. *I heard / learnt that she*
 was ill.
Han fikk henne til å smile. *He managed to make her smile.*

(*c*) A softly expressed order:

Du får gjøre som jeg sier. *You will do what I say.*

(*d*) Future:

Vi får se. *We shall see.*

2 *Verbs:* å legge seg / å sette seg

In Unit 10 you looked at these reflexive verbs **å legge seg** (*to go to bed*), and **å sette seg** (*to sit down*). Here are more examples:

Jeg legger meg klokken ti. *I go to bed at ten o'clock*
Hun legger seg sent. *She goes to bed late.*
John la seg klokken ti på elleve. *John went to bed at ten to eleven.*

Bente setter seg ved bordet.	*Bente sits down by the table.*
Vil du sette deg her?	*Will you sit down here?*
De satte seg ved vinduet.	*They sat down by the window.*

Remember that you use the reflexive **seg** in the 3rd person (he, she, it and they) only, and only when it reflects back to the subject.

3 Verbs: The -ing ending: -ende

In English the -*ing* ending for verbs is called the present participle. In Norwegian it is formed by adding **-ende** to the stem of the verb.

å smile   stem = **smil**   present participle = **smilende** (*smiling*)

The present participle is not used so much in Norwegian. Look at the examples below:

| Bente sitter. | *Bente sits / Bente is sitting.* |
| John ligger. | *John lies / John is lying.* |

The present participle is used only after verbs which express movement, like **å komme** and **å gå**.

| Han kom syklende til byen. | *He came cycling to the town.* |
| Hun gikk smilende mot ham. | *She went smiling towards him.* |

4 -ing as an adjective

The present participle is used more as an adjective in Norwegian:

en lesende student	*a reading student*
et skrikende barn	*a screaming child*
en smilende dame	*a smiling lady*

These adjectives do not take endings in comparison. When comparing, you must use **mer** or **mest**.

| en lovende student | *a promising student* |
| den mest lovende studenten | *the most promising student* |

5 Nouns

Here are some more irregular nouns:

et tre	treet	trær	trærne	(a tree)
et kne	kneet	knær	knærne	(knee)
en bok	boken	bøker	bøkene	(a book)

Nouns ending in **er** usually follow this pattern for plurals:

(You looked at some in Unit 8.)

en lærer	læreren	lærere	lærerne	(a teacher)
en skulder	skulderen	skuldre	skuldrene	(a shoulder)
en finger	fingeren	fingre	fingrene	(a finger)
en vinter	vinteren	vintre	vintrene	(a winter)
en genser	genseren	gensere	genserne	(a sweater)

6 The place of ikke (not)

You have seen that **ikke** usually comes immediately after the verb:

John liker ikke Bente. *John doesn't like Bente.*

If the verb consists of two words, **ikke** comes after the first:

Bente vil ikke reise til Bergen. *Bente will not travel to Bergen.*

There are some situations where **ikke** moves around:

- In a subordinate (or 'dependent') clause, **ikke** comes in front of the verb:

Fordi han ikke var syk, gikk *Because he wasn't ill, he went to*
han på kino. *the cinema.*
Da John ikke kom, spiste Bente *As John didn't come, Bente ate*
all maten. *all the food.*

- If the object of the sentence is a pronoun, **ikke** moves to the end.

Bente så ikke John. *Bente didn't see John.*
Bente så ham ikke. *Bente didn't see him.*

Jeg leste ikke boken. *I didn't read the book.*
Jeg leste den ikke. *I didn't read it.*

- **Ikke** can come first if you want to stress something:

Ikke spiser han og ikke drikker *He doesn't eat or drink.*
han.
Ikke fikk hun lest brevet. *She didn't get to read the letter.*

- **ikke** comes first when giving an order (imperative):

Ikke sitt der!	*Don't sit there!*
Ikke drikk mer!	*Don't drink any more!*

 ———————————— **Øvelser** ————————————

1 What is the time?

   (*a*) Ti over seks.
   (*b*) Kvart over ti.
   (*c*) Fem på elleve.
   (*d*) Halv åtte.
   (*e*) Ti over halv to.

2 Write out in Norwegian the times shown on these clocks:

3 Which dates are these?

   (*a*) Tjuetredje i fjerde.
   (*b*) Sjuende i første.
   (*c*) Tiende i tiende.
   (*d*) Ellevte i femte.
   (*e*) Attende i åttende.

4 Write out these dates in Norwegian using ordinal numbers, and the names of the months:

(a) 5 February
(b) 12 March
(c) 14 June
(d) 16 July
(e) 26 September

5 Give the appropriate greeting / expression of gratitude:

(a) Wish someone a happy birthday.
(b) Say Happy Christmas, Grandmother (paternal).
(c) Wish someone a Happy New Year.
(d) Thank your host / hostess for a meal.
(e) Say: Thank you, the same (to you).

6 Use **sette / sitte**, **legge / ligge**, **sette seg / legge seg** in the present tense:

(a) Kari ___ boken på bordet.
(b) Erik ___ ved bordet.
(c) John ___ klokken tolv.
(d) Han ___ ved vinduet.
(e) Jeg ___ klokken ti på elleve.

7 These sentences are in the present tense. Change the verbs to past tense:

(a) Jeg sitter ved bordet.   Jeg ___ ved bordet.
(b) John legger seg klokken   John _____ .
     kvart på tolv.
(c) Vi setter oss ved vinduet.   Vi _____.
(d) Du legger boken på bordet.   Du _____ .
(e) Bøkene ligger på bordet.   Bøkene _____.

——— Hva du trenger å vite ———

Preparations for Christmas in Norway get under way in early December. Homes are cleaned from cellar to loft, and the traditional seven kinds of cookies are baked. It is a time for the family to enjoy evenings together, writing Christmas cards and making sweets and Christmas decorations.

The Christmas tree is decorated the evening before Christmas – and Christmas is celebrated on Christmas Eve, the 24th. The tree is never lit before the evening of the 24th.

An old tradition is to have rice porridge for lunch. A blanched almond is hidden in the porridge, and the lucky finder receives a marzipan pig.

Vast numbers of people attend the children's service in the churches. The church bells ring at the same time all over the country to signal the beginning of Christmas.

Christmas Eve is a family time. Food traditions vary from place to place, with roast rib of pork in the south-east and lamb or cod, even **Lutefisk** (described below) in the west, and grouse in the far north.

The custom of forming a circle round the Christmas tree and singing carols is slowly dying out as families become smaller. At larger family gatherings and other Christmas parties, however, this tradition is still very much alive. Traditional carols are sung, ending with action / dance songs similar to 'Here we go round the mulberry bush'.

The presents are arranged under the tree, and are distributed one at a time so that everybody can enjoy and admire them and share in the pleasure of the recipient.

There are usually many parties and family reunions between Christmas and the New Year. New Year is celebrated with parties and fireworks. Church bells also chime for the New Year.

Pinnekjøtt

Twigs of birch are placed in a large pan; the lamb, cut into pieces, is placed on the twigs; a little water is added; the meat is steamed through the twigs until tender. Season with salt and pepper and serve with plenty of chopped parsley and boiled new potatoes.

Lutefisk

Fillets of dried cod are soaked for some time in a potash lye. They are then soaked, boiled and served with crisply fried diced bacon, and the bacon fat is liberally poured over. A gourmet dish!

Telling the time

Hvor mange er klokken?	*What is the time?*
Hva er klokken?	*What is the time?*
Klokken er åtte.	*It is eight o'clock.*
Klokken er fem.	*It is five o'clock.*
Klokken er fem over fem.	*It is five past five. (The time is five past five.)*
Klokken er ti på fem.	*It is ten to five. (The time is ten to five.)*
Klokken er kvart på sju.	*It is a quarter to seven.*
Klokken er kvart over sju.	*It is a quarter past seven.*
på	*to*
over	*past*

So far it is easy to tell the time.

Klokken er halv ti.	*It is half past nine. (Half **to ten**.)*
Klokken er halv tre.	*It is half past two.*
Klokken er ti på halv tre.	*It is twenty past two (Ten to half to three.)*
Klokken er fem over halv tre.	*It is twenty-five to three (Five past half to three.)*

TV programmes, train and bus timetables and so on use the 24-hour clock, but, as in English, you don't normally say: **Jeg skal legge meg klokken tjuetretretti** (23.30), rather '**Jeg skal legge meg klokken halv tolv**' (*I shall go to bed at half past eleven*).

When written, **klokken** is shortened to **kl.**

—————————— **Forstår du?** ——————————

It is January the first. You are talking to your friend's grandmother. She has never been outside Norway, and she is a difficult old woman.

Bestemor	Savner du ikke familien din i julen?
Du	*Yes, a little. But I like to be here in Norway at Christmas.*
Bestemor	Feirer dere julen?
Du	*Yes, but not Christmas Eve. Christmas Day, 25 December is our Christmas.*

Bestemor Ikke julaften! Det er dumt, synes jeg. Det er ikke jul uten julaften!

Du (thinking to yourself: better not upset the old lady!) *I like celebrating Christmas Eve. I like the Norwegian food and traditions.*

Bestemor Jeg håper du har spist Lutefisk!

Du *No, and I will not eat it! I don't think that I will like it.*

Bestemor Du er dum hvis du ikke vil smake Lutefisk. Det ser ikke godt ut, men det smaker deilig. Du må ha et glass akevit sammen med Lutefisken.

Du *I would like to have a dram, but not Lutefisk!*

Bestemor Jeg håper ikke du drikker for meget! Jeg tror julen er bedre i Norge enn andre steder.

Du (beginning to get impatient) *Christmas is fine everywhere, if you are together with those you like. It was nice to talk with you, but now I must go.*

Bestemor Du må snakke høyere! Jeg hører ikke hva du sier. Det er sikkert fordi du ikke snakker godt norsk.

Du *Goodbye!*

juledag	*Christmas Day*	**ser godt ut**	*look/looks good*

12
KJÆRE KARI

Dear Kari

In this unit you will learn how to

- write formal and informal letters
- use titles
- describe the weather
- describe the seasons

 ———————— **Tekst 1** ————————

Sjøveien 36
1347 Hosle

27 januar 1997

Kjære Kari,

Tusen takk for den spennende boken som du sendte til meg. Det var en fin julepresang, og jeg skulle ha skrevet et brev og takket deg med en gang. Men det er så mye som har hendt siden jeg så deg, og jeg har ikke hatt tid til å skrive til noen.

Som du ser, har jeg flyttet. Jeg ble lei av jobben min og av å bo hjemme. Jeg er veldig glad i familien min, men nå er det på tide å

stå på egne ben, synes jeg. Jeg har fått en ny jobb i en stor forret-
ning i Oslo, og jeg har leiet en hyggelig, bitteliten leilighet vest for
Oslo.

Husker du John? Han kom til Bergen i julen, og vi hadde det
kjempefint. Men nå er jeg ikke sikker på at han er 'Mannen med
stor M' i mitt liv. Jeg har truffet en kjempekjekk gutt som jobber i
samme forretning. Vi har vært på ski de siste tre søndagene, og
på lørdag skal vi ut og spise pizza på den nye pizzakafeen på Aker
Brygge. Han er veldig sportsinteressert og snakker nesten bare
om fotball, men han er høy og mørk, og du skulle se de øynene!

Det er veldig kaldt her for tiden. Men det er mye snø, og da er
ikke dagene så mørke. Jeg gleder meg til våren! Det skal bli deilig
å ikke trenge alle disse klærne! Jeg er ikke noe glad i vinteren.

Skriv snart!

Klem fra Bente

spennende *exciting*	**sikker på** *sure*
brev *letter* (et)	**Mannen med stor M** *the Man with*
takket *thanked* (å takke)	*capital M*
hendt *happened* (å hende)	**liv** *life* (et)
flyttet *moved* (å flytte)	**kjempekjekk** *very handsome*
på tide *time to*	**jobber** *work/works* (å jobbe)
stå på egne ben *stand on one's*	**vært på ski** *been skiing*
own feet	**kafeen** *the cafe* (en)
ben *leg* (et)	**sportsinteressert** *interested in sport*
forretning *store, shop* (en)	**fotball** *football* (en)
leiet *rented* (å leie)	**for tiden** *at the moment*
bitteliten *very small / teeny weeny!*	**våren** *the spring* (en)
vest *west*	**deilig** *wonderful*
kjempefint *very fine*	**vinteren** *the winter*
kjempe *big, enormous* (slang)	

Sant eller usant? 1

(a) Bente synes at boken som Kari sendte, er spennende.
(b) Bente flyttet fordi hun er lei av familien sin.
(c) John er Mannen med stor M i Bentes liv.
(d) Bente liker våren bedre enn vinteren.

Note on this unit: You will find four more short letters, so there are five in all. Look in the sections **Hva du trenger å vite** and **Slik sier vi det**, where you will find letterwriting in Norwegian explained.

 ─────────── **Tekst 2** ───────────

                                          34 Stamford Court
                                             Fulham Road
Personalsjefen   London SW4 6TF
Nordlys Hoteller   4 februar 1997
Storgaten 399
Trondheim
Norway

Jeg så Deres annonse i Aftenposten fredag første februar, og jeg er interessert i å søke på den ledige stillingen på det nye hotellet Deres i Tromsø fra femtende juni.

Jeg er engelsk, tjuetre år, og jeg blir ferdig med mitt studium i økonomi ved University of London i slutten av mai. Jeg er spesielt interessert i turisme. Som student har jeg hatt flere sommerjobber på hoteller i York, både som kjøkkenhjelp og i resepsjonen. Jeg har jobbet i en pub to kvelder i uken denne vinteren.

I fjor sommer reiste jeg rundt i Norge. Jeg liker Norge og nordmenn, og jeg vil gjerne flytte dit. Jeg snakker og skriver norsk ganske bra, og jeg kan komme til samtale når som helst.

Hvis denne stillingen allerede er besatt, vil jeg gjerne vite om det er andre muligheter for en stilling innen Nordlys Hoteller.

Attester vedlegges.

Ærbødigst

John K Hurst

personalsjefen *the personnel director* (en)	**i uken** *per week*
sjef *boss / director* (en)	**i fjor** *last year*
annonse *advert* (en)	**nordmenn** *Norwegians* (en nordmann)
Aftenposten *the Evening Post*	**ganske** *quite*
interessert *interested*	**når som helst** *at any time*
søke på *apply for* (å søke)	**allerede** *already*
stillingen *the position* (en)	**besatt** *taken* (å besette)
ferdig *finished*	**om** *whether, if*
studium *study / university course* (et)	**muligheter** *possibilities* (en mulighet)
økonomi *economics*	**innen** *within*
slutten *the end* (en)	**attester** *references / recommendations* (en attest)
turisme *tourism*	**vedlegges** *enclosed*
kjøkkenhjelp *kitchen help* (en)	**ærbødigst** *yours respectfully*
resepsjonen *the reception* (en)	

Sant eller usant? 2

(a) John liker Norge og vil gjerne arbeide der.
(b) John har jobbet på hoteller om sommeren.
(c) Adressen til Nordlys Hoteller er i Trondheim.
(d) John er ikke interessert i turisme.

 ———————— **Tekst 3** ————————

FREDLY
SOLVEIEN 5
STAVANGER

5 mars 1997

Kjære Bente

Takk for sist! Tenk at det er fire måneder siden mormors åttiårsdag! Tiden går altfor fort, synes jeg.

Du kan tro det er fint vær for tiden. Solen skinner og det er mye snø på fjellene. Men i Stavanger er det vår nå, og det er deilig.

Jeg har hørt fra dine foreldre at du bor og arbeider i Oslo nå. Din kusine, Nina, skal begynne på skole i Oslo etter påske. Hun kjenner ikke Oslo, og nå lurte vi på om hun kunne bo hos deg et par uker. Hun er sytten år, som du vet, og jeg tror ikke hun skulle være til noe bry. Men jeg ville være meget glad om du ville passe litt på henne. Hun kan være litt tankeløs nå og da.

La oss få høre om dette passer for deg.

Hjertelig hilsen fra onkel Hans, Per, Nina og

tante Eva

---

fort *fast*	**bry** *bother* (et)
du kan tro at ... *you can't believe*	**tankeløs** *thoughtless*
how / what	**nå og da** *now and then*
påske *Easter* (en)	**hjertelig hilsen** *cordial greetings*

Sant eller usant? 3

(*a*) Tante Evas datter heter Nina.
(*b*) Nina skal begynne på skole i Oslo etter jul.
(*c*) Tante Eva tror ikke at Nina er ikke tankeløs.

Tekst 4

NORDLYS HOTELLER
STORGATEN 399
TRONDHEIM

7 mars 1997

Hr J K Hurst
34 Stamford Court
Fulham Road

London SW4 6TF
ENGLAND

Ref: OBL / JKH / 3.2.97 / bn

Jeg må dessverre meddele Dem om at stillingen som De søkte på,
allerede er besatt. Vi fikk mange høyt kvalifiserte søkere med
mange års erfaring innen hotellbransjen.

Vi er likevel interessert i å treffe Dem, da det kunne være andre
muligheter innen vår stadig voksende organisasjon, og foreslår at
De kommer hit til en samtale fredag 26 mars klokken 10. Jeg ser
frem til å møte Dem da.

Med hilsen

Ole B Larsen

Personalsjef

Hr (herr) *Mr*	**da** *as*
dessverre *unfortunately / sadly*	**stadig** *ever / all the time*
meddele *inform* (å meddele)	**voksende** *growing* (å vokse)
kvalifiserte *qualified*	**organisasjon** *organisation* (en)
søkere *applicants* (en søker)	**foreslår** *suggest / suggests* (å
erfaring *experience* (en)	foreslå)
hotellbransjen *the hotel business*	**ser frem til** *look forward to* (å se
bransje *(line of) business* (en)	frem til)
likevel *all the same*	

Sant eller usant? 4

(a) John har fått en stilling som personalsjef.
(b) Nordlys Hoteller er en stadig voksende organisasjon.
(c) John skal til et møte 26 april.

Tekst 5

Mandag 10 mars 1997

Hei Bente!

Jeg har ringt til deg mange ganger siden du flyttet til Oslo, men du er aldri hjemme! Jeg kommer til Oslo onsdag tjuefjerde mars fordi jeg har et møte i Trondheim den tjuesjette. Kanskje kan jeg få en jobb hos Nordlys! Siden det er påske, har jeg tenkt å være i Oslo i to uker.

Philip, som jeg har bodd sammen med dette året, har flyttet. Nå deler jeg leiligheten med en som jeg har studert sammen med i to år. Det er billigere når vi er to her, for det er dyrt å være student i London. Hun heter Louise, og hun er flink til å lage mat, så jeg har vært heldig!

Ser deg den tjuefjerde! Jeg håper det er sol og snø i Oslo. Her regner det!

Kjærlig hilsen

John

Slik sier vi det

- Here are some useful phrases when writing letters:

Takk for sist!	*Thank you for last time.*
Jeg skal hilse fra mor.	*Mother sends her greetings.*
Jeg skal hilse fra John.	*John sends his greetings.*
Hils onkel Hans fra meg.	*Give my greetings / love to Uncle Hans).*
Du må hilse din tante.	*Give my greetings / love to your aunt.*

Hilsen ...	Greetings ...
Hilsen fra ...	Greetings from ...
Mange hilsener fra ...	Many greetings from ...
Tusen hilsener fra ...	A thousand greetings from ...
Kjærlig hilsen fra ...	Loving greetings / love from ...
Klem fra ...	Hugs from ...
Mange klemmer fra ...	Many hugs from ...
Kyss fra ...	Kiss / kisses from ...

- Business letters:

Takk for Deres brev.	Thank you for your letter.
Takk for brev av 15 november.	Thank you for (your) letter of 15th November.
Vi har dessverre ikke noen stilling ledig.	Unfortunately we have no vacant position.
Vi ser frem til å møte Dem fredag 3 januar.	We look forward to meeting you on Friday 3rd January.
Banksjefen vil gjerne treffe Dem neste torsdag.	The bank manager would like to meet you next Thursday.
Ærbødigst ...	Yours faithfully / respectfully ...
Med hilsen.	With greetings.

Grammatikk

1 På

The preposition **på** normally means *on*.

| Boken ligger på bordet. | The book lies on the table. |
| De er på vei til Nord-Norge. | They are on their way to north Norway. |

In Norwegian you can often express where you are using **på**, which may sound a bit strange:

| Vi spiser frokost på kjøkkenet. | We eat breakfast in the kitchen. |
| John er på universitetet. | John is at the university. |

Mor arbeider på et legekontor.	*Mother works at a doctor's surgery.*
Barna er på skolen.	*The children are at school.*
Vi er på fjellet i påsken.	*We are in the mountains at Easter.*

Note these too:

Vi er på landet *(in the countryside)*
Vi er i byen *(in town)*

There are more expressions with **på**:

Jeg er sikker på at ...	*I am sure / certain that ...*
Du må ta på deg en genser.	*You must put on a sweater.*
Klokken er kvart på tre.	*The time is a quarter to three.*
Det er på tide at jeg ...	*It is time that I ...*
På søndag skal vi gå på ski.	*On Sunday we shall go skiing.*
Han søker på en stilling.	*He is applying for a position.*

2 Å gå

Å **gå** *(to go / walk / travel)*

Det er bare fem minutter å gå til stasjonen.	*It takes only five minutes to walk to the station.*
Toget går klokken fem på fire.	*The train leaves at five to four.*
Fergen går til Harwich.	*The ferry goes to Harwich.*
Jeg må gå nå.	*I have to leave now.*
Skal vi gå på kino?	*Shall we go to the cinema?*

You use **gå** for ferries, trains and so on, but for people only when you are actually walking.

| Vi skal reise til Norge i sommer. | *We shall go / travel to Norway this summer.* |

3 Words ending in m

Words must not end with a double **m** in Norwegian, even if there should be a double consonant for the pronunciation. This means that you have to add the **m** if there is an ending to follow:

Nouns				
et rom	rommet	mange rom	rommene	(*a room*)
et hjem	hjemmet	mange hjem	hjemmene	(*a home*)
en klem	klemmen	mange klemmer	klemmene	(*a hug*)
Verb				
å komme	kommer	kom	har kommet	(*to come*)
Adjective				
en dum gutt	den dumme gutten	mange dumme gutter	de dumme guttene	(*a stupid boy*)
Adverb				
hjem	(*home*)			
hjemme	(*at home*)			

4 Annen / annet / andre

Andre is the second ordinal number. It also means *other*.

en annen dag	den andre dagen	andre dager	de andre dagene
et annet hus	det andre huset	andre hus	de andre husene

Notice the difference:

Jeg vil gjerne ha en annen kopp.	*I would like another / different cup.*
Jeg vil gjerne ha en kopp til.	*I would like another / one more cup.*
Jeg vil gjerne ha den andre koppen.	*I would like the other cup.*

5 Nouns of foreign origin

Nouns ending in **-um** are declined this way:

et museum	museet	museer	museene	(*museum*)
et studium	studiet	studier	studiene	(*academic course*)
et laboratorium	laboratoriet	laboratorier	laboratoriene	(*laboratory*)
et sentrum	sentret	sentrer	sentrene	(*centre*)

Notice that they are all **et** words.

Øvelser

1 Can you find a contrasting word – meaning the opposite? Look at the words below:

(a) nei
(b) nesten
(c) interessant
(d) stor
(e) stygg
(f) mørk
(g) sol

> helt   pen   regn   lys
>   kjedelig   ja   liten

2 Do you remember the adverbs which have one form for movement and one for non-movement? If you are not sure, look back to Unit 6.

(a) John reiser ___ (home).
(b) Bente er ___ (inside).
(c) Han kjører ___ (away).
(d) Hun sender brevet ___ (there).
(e) De kommer ___ (here).

3 Insert a suitable pronoun:

(a) Jeg legger ___ i sengen.
(b) De setter ___ ved bordet.
(c) De gifter ___ på lørdag.
(d) Han følte ___ dårlig.

4 How would you end a letter to these people:

(a) your aunt
(b) a good friend
(c) your bank manager
(d) your boyfriend / girlfriend

5 Write out these sentences in the present tense:

(a) John drakk en kopp kaffe.

(b) Bilen stoppet plutselig.
(c) Vi bodde i Oslo i tre år.
(d) Brevet lå på bordet.
(e) Hun smilte til den lille gutten.

6 Insert in the gaps the correct forms of the adjectives in brackets:

(a) (**god**) en ___ dag
(b) (**rød**) et ___ hus
(c) (**liten**) den ___ bilen
(d) (**stygg**) de ___ klærne
(e) (**blå**) mange ___ skjorter
(f) (**vond**) det ___ kneet

7 Write a letter to a friend, thanking him/her for a Christmas present.

———— Hva du trenger å vite ————

Starting the letter: Informal letters to friends and relatives start with **Kjære...** (*Dear...*); very informal letters start with **Hei...**

In a business letter it is not common to write *Dear Sir* or anything at all; you just write the name of the organisation, with perhaps the title of the person you want to contact:

Personalsjefen (*the personnel director / manager*)
Bankdirektøren (*the director / manager of the bank*)

These are then followed by the address.

If you have met the person you are writing to, you could start with:

Hr Ole Larsen (hr = herr *Mr*)
Fru Kari Berg (fru = *Mrs*)
Frk Liv Grorud (frk = frøken *Miss*)

To end a letter, the common greetings are:

Hilsen ... (*greeting* ...)
Hilsen fra ... (*greetings from* ...)
Mange hilsener fra ... (*many greetings from* ...)

Kjærlig hilsen … (*loving greeting* …)
Klem fra … (*hugs from* …)

Formal endings are:

Med hilsen … (*greetings* …) formal
Ærbødigst … (*yours respectfully* …) very formal

In a business letter one should use the formal **De**. It looks more professional.

Job titles are used much more in Norway than in England, both on letters and when one makes formal introductions.
Dette er tannlege Knut Berg. (*dentist*)
Dette er min kollega, veterinær Solveig Dale. (*veterinary surgeon*)
Har du truffet urmaker Ole Vik? (*watchmaker*)

Addresses on letters and envelopes:

Snekker Peter Linderud (*carpenter*)
Doktor / (Dr) Elisabeth Nilsen (*Dr.*)
Kunstmaler Håkon Nordnes (*artist / painter*)
Operasanger Agnes Rud (*opera singer*)
Vaktmester Harald Olsen (*caretaker*) – just to mention a few!

In the telephone directory people are listed with their job / profession.

There is no aristocracy in Norway, so there are no titles apart from those used by the royals:

Hans Majestet Kong Harald *His Majesty King Harald*
Hennes Majestet Dronning Sonja *Her Majesty Queen Sonja*

If you meet them, you should address them as:

Deres Majestet *Your Majesty*

The King's two children and two sisters are addressed as:

Deres Kongelige Høyhet *Your Royal Highness*

Norwegians can be knighted for services to the nation. In this event, they receive the insignia from the King, but there is no title or letters after the name.

Årstidene (*the seasons*)

vinter	(*winter*)
vår	(*spring*)
sommer	(*summer*)
høst	(*autumn*)

Norway is a very long country with extreme temperatures and climate, and the seasons are very different. Winter is cold and dark, but the snow gives a lot of pleasure, as both old and young enjoy skiing and other winter activities.

Spring is usually dramatic. In a very short time the snow melts, the ground thaws out and the countryside becomes lush and green. The days grow noticeably longer.

Summer can be as hot and sunny as in southern Europe. But in a bad year it can be like a 'green winter'. Most of the time it is a mixture, and most years there will be several weeks of hot, sunny weather. The coast is ideal for water sports, and the temperature in the fjords and lakes can be surprisingly pleasant for swimming. Norwegians love the outdoor life and hiking in the mountains and through the forests.

Autumn again is short and dramatic, with beautiful autumn colours and special golden light, soon to be replaced by storms and high seas round the jagged coastline. November often seems to be the darkest month, before the snow again covers the countryside, usually in December.

A great part of Norway lies north of the Arctic Circle (**Polarsirkelen**). Here part of the winter is without daylight, and in the summer the Midnight Sun (**Midnattssolen**) keeps everyone awake.

Forstår du?

You are one of Bente's friends. You arrive in Oslo, and phone her. A girl answers.

Girl 22 64 35 98 (say it in Norwegian!)
Du *May I speak to Bente?*
Girl Bente er ikke hjemme. Hun er ute med den nye vennen sin. Hvem er du? Er det John?
Du *No, I am not John. I am (your name). I am one of Bente's friends from America.*
Girl Du er flink til å snakke norsk! Jeg heter Nina. Jeg er Bentes kusine. Jeg bor hos henne i noen uker.
Du *Hi, Nina! Bente said that I could stay for a week or two. Is that in order?*
Nina Ja, det er fint. Det skal bli hyggelig, for Bente og jeg krangler hele tiden. Jeg tror ikke hun er glad for å ha meg her.
Du *Why is that?*
Nina Hun synes at jeg er til bry. Men det kan jeg ikke forstå. Bare kom, så skal jeg lage noen vafler.
Du *Who is John?*
Nina Bentes venn heter John. Men nå har hun en ny venn som heter Knut. Jeg liker ham ikke. Han snakker bare om fotball. Han er en dum og kjedelig gutt. Men Bente synes at han er deilig! Huff!
Du *I am looking forward to meeting you, Nina. Bye bye!*
Nina Ha det!

13
PÅSKE PÅ FJELLET
Easter in the mountains

In this unit you will learn how to

- ask for advice on skiing
- express delight
- express fear
- describe winter scenery

 —————————— **Samtale 1** ——————————

Lørdag tredje April. Hilde and Erik have a holiday cottage in the mountains. They have invited Bente and John to spend Easter with them. Will Bente and John get their problems sorted out?

John og Bente hadde nesten ikke snakket med hverandre siden John kom til Norge tjuefjerde mars. Begge hadde det travelt. John var til et møte hos Nordlys Hoteller i Trondheim, og han fikk tilbud om en stilling på kontoret på det nyeste Nordlys-hotellet i Stavanger. Både han og Bente vet at noe er galt og at de må snakke om det snart.

Hilde og Erik hadde invitert John og Bente til å være med dem på hytten deres i påsken. Nå kjører de opp mot høyfjellet. Det hadde snødd mye de siste dagene og det er høye brøytekanter langs veiene.

Erik kjører og John sitter ved siden av ham.

John Synes du det er vanskelig å kjøre når det er så mye snø?

Erik Nei, jeg er vant til det, vet du. Jeg har gode piggdekk og dette er en god, tung bil. Men jeg har vært i noen farlige situasjoner. Mange bilister er idioter og tenker ikke på at en må være veldig forsiktig når det er glatt.

John Bruker du piggdekk hele året?

Erik Nei, etter en bestemt dato er det forbudt å bruke vinterdekk. De ødelegger veiene, vet du. Jeg skifter til sommerdekk like etter påske.

John Det er vakkert med den hvite snøen. Se der kommer solen frem også! Jeg håper vi får fint vær denne uken. Jeg gleder meg til å prøve skiene!

Erik Det er gøy å gå på ski. Jeg liker slalom best, men Hilde vil helst gå lange skiturer. Hun flyr altfor fort for meg. Hun er en livlig jente!

travelt *busy*	**situasjoner** *situations* (en situasjon)
tibud *offer* (et)	**bilister** *drivers* (en bilist)
kontor *office* (et)	**idioter** *idiots* (en idiot)
galt *wrong*	**forsiktig** *careful*
hytten *the cabin/cottage* (en/ei hytte)	**glatt** *slippery*
høyfjellet *the high mountain* (et)	**bestemt** *set/decided*
brøytekanter *banks of snow* (en brøytekant)	**dato** *date* (en)
langs *along*	**ødelegger** *damage/ruin* (å ødelegge)
ved siden av *next to*	**like** *just*
piggdekk *studded snow tyres* (et piggdekk)	**skiene** *the skis* (en ski)
dekk *tyre* (et)	**gøy** *fun* (slang) (et)
tung *a heavy*	**skiturer** *skiing trips* (en skitur)
farlig *dangerous*	**flyr** *fly/flies, rush/rushes* (å fly)
	livlig *lively*
	jente *girl* (en/ei)

Sant eller usant? 1

(a) Bente sitter ved siden av John i bilen.
(b) Det er forbudt å bruke piggdekk om sommeren.
(c) Erik vil helst gå lange skiturer.
(d) Hytten til Hilde og Erik er på høyfjellet.

Samtale 2

Søndag fjerde april. As John looks out on the bright sunshine, the white snow and the mountains, he thinks back to the previous day.

De våknet sent den første dagen på hytten. John så ut. Det var mye snø, og solen skinte fra en blå himmel. Fint! Først frokost og så ut for å prøve skiene. Dette skulle bli en fin dag!

Alle fire hadde vært trette og sultne da de kom frem til hytten i går. De måtte gå gjennom den dype snøen de siste tre hundre meterne fra parkeringsplassen, og de måtte spa vekk snøen for å kunne åpne døren.

Erik tente på peisen og i ovnen, og det tok ikke lang tid før den koselige tømmerhytten ble varm. De måtte ta flere turer til bilen for å hente ryggsekkene sine, maten og skiene. Alle hjalp hverandre, og da det ble mørkt ute, var det varmt inne, og parafinlampene ble tent. Erik spadde ren, hvit snø i store fat, som han tok inn i stuen. John lurte på hvorfor han gjorde det.

Erik Vi har verken elektrisitet eller vann. Om sommeren henter vi vann fra brønnen, men den er frosset nå. Derfor smelter vi snø. Du får ikke vasket deg meget her! Men det er et hotell like ved parkeringsplassen. Der har de svømmehall og badstu, og det koster ikke meget. Vi spiser der også nå og da.

Hilde Kom og se resten av hytten. Der er det lille kjøkkenet, og fra denne gangen er det tre små soverom med køyer. Den fjerde døren er vaskerommet, hvor det altså ikke er vann!

John Hvor er toalettet?

Hilde Doen er utenfor. Det er en biologisk do. Vi legger papiret i en bøtte. Alt det andre blir fin, ren jord.

John Jeg har meget å lære om Norge, det ser jeg nå! Men dette er en kjempekos hytte.

Han gikk fra rom til rom, og så på trepanelet, de små vinduene med rødrutete gardiner, de gode stolene foran peisen i stuen, bokhyllene med mange bøker, og han tenkte: 'Dette skal bli en spesiell ferie. Men når skal jeg få snakke med Bente?'

trette *tired* (trett)	**brønnen** *the well* (en)
kom frem til *arrived at*	**frosset** *frozen* (å fryse)
gjennom *through*	**derfor** *therefore*
dype *deep* (dyp)	**smelter** *melt/melts* (å smelte)
parkeringsplassen *the parking place* (en parkeringsplass)	**vasket** *washed* (å vaske seg)
	svømmehall *swimming-pool* (en)
spa *dig/shovel* (å spa)	**badstu** *sauna* (en)
vekk *away/off*	**gangen** *passage/corridor* (en)
peisen *the fireplace* (en)	**soverom** *bedrooms* (et soverom)
ovnen *the stove* (en)	**vaskerommet** *the washroom* (et vaskerom)
tømmerhytten *timber cottage* (en tømmerhytte)	**toalettet** *the toiilet* (et)
flere *several*	**doen** *the loo* (en)
ryggsekkene *the rucksacks* (en ryggsekk)	**utenfor** *outside*
	biologisk *biological*
parafinlampene *the paraffin lamps* (en parafinlampe)	**papiret** *the paper* (et)
	bøtte *bucket* (en)
lampe *lamp* (en)	**jord** *soil, earth* (en)
ren *clean*	**trepanelet** *the wood panelling* (et)
hvit *white*	**gardiner** *curtains* (en gardin)
fat *basins* (et fat)	**stolene** *the chairs* (en stol)
hvorfor *why*	**foran** *in front of*
verken ... eller *neither ... nor*	**bokhyllene** *the book cases* (en bokhylle)
elektrisitet *electricity*	

Sant eller usant? 2

(a) De kunne kjøre helt frem til hytten.
(b) Det var både vann og elektrisitet der.
(c) Det var et vaskerom og tre små soverom.
(d) Om sommeren var det vann i brønnen.

———— Samtale 3 ————

Onsdag sjuende april. Bente and John are on a skiing holiday in the mountains with Hilde and Erik.

Hilde loves cross country skiing while Erik loves slalom. John attends skiing classes.

Bente usually goes with Hilde, but today she and Erik are at the top of the piste. How is she going to get down?

Bente Erik, jeg tør ikke! Denne bakken er altfor bratt! Jeg er livredd!

Erik Ikke vær dum, Bente! Du kan ta det langsomt. Kjør på skrå og plog når du skal svinge. Du kan kjøre så langsomt du vil! Jeg visste ikke at du var en sånn reddhare!

Bente Så ekkel du er! Jeg skulle heller ha gått med Hilde.

Erik Du skulle heller ha gått på Johns kurs! Men ned må du kjøre, så det er bare å sette igang!

Bente Bare ikke noen kjører på meg!

Erik Jeg skal kjøre med deg. Bøy knærne dine godt, og husk å bøye deg forover. Det er mye snø, så det gjør ikke vondt om du faller. Vi er nede på et øyeblikk! Da skal du få en kopp sjokolade på hotellet.

Bente Nå kjører jeg! Så dum jeg var som gikk med deg!

Erik Din tulling! Ned skal vi!

gå på ski *go skiing*	**tør** *dare/dares* (å tore)
begynnere *beginners* (en begynner)	**livredd** *scared stiff/frightened for your life*
deltatt *taken part* (å delta)	**langsomt** *slowly*
ivrig *eagerly*	**på skrå** *across*
holdt seg til *kept to*	**plog** *plough* (å ploge)
bakkene *the slopes* (en bakke)	**svinge** *turn* (å svinge)
minste *smallest*	**visste** *knew* (å vite)
hvor *how*	**sånn** *such*
sterk *strong*	**reddhare** *coward 'frightened hare'*
solbrillene *the sunglasses*	**ekkel** *awful*
solkremen *the sun lotion* (en)	**sette igang** *get started*
anorakker *anoraks* (en anorakk)	**bøy** *bend* (å bøye)
kuldegrader *minus degrees* (en kuldegrad)	**forover** *forward*
bratte *steep* (bratt)	**faller** *fall/falls* (å falle)
redd *afraid*	**sjokolade** *chocolate* (en)
	tulling *idiot* (en)

Sant eller usant? 3

(a) John deltar i et skikurs for begynnere.
(b) John bruker verken solkrem eller solbriller.
(c) Hilde er ikke så flink til å gå på ski som Bente.
(d) Erik sier at John er en reddhare.

 ———————— **Slik sier vi det** ————————

- Expressions about skiing:

Skal vi gå på ski?	*Shall we go skiing?*
Vil du hjelpe meg med skiene mine?	*Will you help me with my skis?*
Passer støvlene til bindingene?	*Do the boots fit the fastenings?*
Er disse stavene lange nok?	*Are these sticks long enough?*

Er det farlig?	*Is it dangerous?*
Jeg er redd!	*I am afraid!*
Jeg tør ikke!	*I dare not!*
Jeg faller!!	*I am falling!!*

Ikke vær redd!	*Don't be afraid!*
Det er ikke farlig!	*It is not dangerous!*

Bøy knærne!	*Bend your knees!*
Bøy deg forover!	*Bend (yourself) forward!*
Kjør ned!	*Ski down!*
Det gjør ikke vondt om du faller.	*It doesn't hurt if you fall.*
Du er en reddhare!	*You are a chicken!*

Jeg vil heller sitte i solen!	*I would rather sit in the sun!*

- Some slang expressions:

Dette er gøy!	*This is great!*
Det er kjempegøy!	*It is great fun!*
Det er en kjempekos hytte dere har.	*It is a super cottage you have.*
Vi hadde en kjempefin ferie!	*We had a super holiday!*
Kult!	*Cool!*

- Some useful expressions:

Gi deg!	*Give in! / Stop it!*
Din tulling!	*You idiot!* (affectionately)
Din tufs!	*You idiot!* (not affectionately)
Din idiot!	*You idiot!*

 ——————— # Grammatikk ———————

1 Verbs

At the beginning of **Samtale 1** you might have noticed the use of **hadde** + a past particle verb: hadde invitert (*had invited*), hadde snødd (*had snowed*).

This tense is called the pluperfect, and is used in much the same way as in English.

Han hadde vært der før.	*He had been there before.*
De hadde hatt en fin ferie.	*They had had a fine holiday.*

2 Nouns

There are a few nouns where the feminine gender is commonly used, especially in the definite singular:

en/ei jente	(*a girl*)	jenta	(*the girl*)
en/ei hytte	(*a cabin*)	hytta	(*the cabin*)
en/ei geit	(*a goat*)	geita	(*the goat*)

The plurals folow the normal pattern for common gender nouns:

mange jenter	(*many girls*)	jentene	(*the girls*)
mange hytter	(*many cottages*)	hyttene	(*the cottages*)
mange geiter	(*many goats*)	geitene	(*the goats*)

3 Adverbs

You have already seen adverbs which have one stationary and one movement form, such as **ut – ute**, **hit – her** and so on. (See Units 4 and 6.)

There are two main groups of adverbs:

(a) Adverbs formed from adjectives by adding a **t**:

Adjective		**Adverb**	
høy	(*high, loud*)	høyt	(*highly, loudly*)
fin	(*fine*)	fint	(*finely*)
pen	(*pretty*)	pent	(*prettily*)
gal	(*crazy*)	galt	(*crazily*)

In English the equivalent is making adverbs by adding *-ly* to adjectives.

(b) Independent adverbs. See below.

4 Independent adverbs

This is a big group of words. Somebody once said that all the words which can't be put into clear groups (adjectives, nouns, verbs, conjunctions, etc.) are adverbs, and that isn't far wrong!

You will find all the adverbs used in this book in the Vocabulary at the back of the book. Here are a few to start you off:

ikke	*not*	**meget**	*very*
alltid	*always*	**veldig**	*very*
aldri	*never*	**etterpå**	*afterwards*
for	*too*	**igjen**	*again*
altfor	*much too*	**kanskje**	*perhaps*

5 Word order

A sentence can have several clauses. A main clause can stand on its own as a sentence.

Hun satt ved bordet. The normal word order in a Main Clause puts the subject before the verb.

Da han kom inn, This is also a clause, but it cannot stand on its own as a sentence. It is called a Subordinate Clause.

You can join these two clauses to form a sentence:

Hun satt ved bordet da han kom inn.

You can also put the subordinate clause in front of the main clause with this result:

Da han kom inn, **satt hun** ved bordet.

The rules for inversion are:

The subject and verb in the main clause are inverted if:

- the subordinate clause comes before the main clause
- the main clause starts with an adverb
- the main clause starts with a preposition phrase

Take a look back to Unit 3 where you looked at word order in sentences.

6 Joining clauses into one sentence

To link together sentences, clauses, phrases or words you use a group of words called conjunctions. You are familiar with many of them. Here are some:

og	(*and*)
men	(*but*)
så	(*so*)

There are two kinds of conjunctions

(*a*) Coordinating conjunctions

- linking main clauses:

Kari spiser.	*Kari eats.*
Knut drikker.	*Knut drinks.*
Kari spiser **og** Knut drikker.	*Kari eats and Knut drinks.*
Kari spiser, **men** Knut drikker.	*Kari eats, but Knut drinks.*
Jeg har ingen penger **så** jeg kan ikke reise.	*I have no money so I can't travel.*

(*b*) Subordinating conjunctions

- joining a subordinate clause to a main clause:

Kari sto på hodet **da** Knut kom inn.	*Kari stood on her head when Knut came in.*

Hun spiste ikke **fordi** hun kastet opp.	*She didn't eat because she vomited.*

- starting a subordinate clause:

Da Knut kom inn, sto Kari på hodet.	*When Knut came in, Kari stood on her head.*
Fordi hun kastet opp, spiste hun ikke.	*Because she vomited, she didn't eat.*

Notice inversion in the main (second) clause.

7 Punctuation

The rules for puncuation are not very different from English.

Full stop is used after a complete sentence, and after some abbreviations:

kl. = klokken, bl. a. = blant annet (among other things)

No full stop after measurements - km (kilometre), kg (kilogram or kilo)

Colon is used to introduce speech or information:

Han sa: så pen du er!	*He said: how pretty you are!*

Exclamation mark is used when something is shouted or commanded or needs emphasising:

Din idiot!	*You idiot!*
Ti stille!	*Keep quiet!*

Semicolon is somewhere between a comma and a full stop, but used only to link two main clauses.

Hyphen is used to divide words at the end of a line, and to clarify a point. Many first names are hyphenated, e.g **Anne-Lise**, **Per-Erik**, **Liv-Bente**.

Comma is used:

- to list items: **Hun kjøpte skjørt, jakke, genser og støvler.**
- between two clauses connected by a coordinating conjunction: **Han spiste først, og så sov han.**
- before the main clause if it is preceded by a subordinate clause: **Da de kom, ble mor glad.**

Øvelser

1 Join these clauses with conjuctions to form single sentences:

(a) Det er sol. Det er kaldt.
(b) Den ene stolen er blå. Den andre stolen er rød.
(c) De ringte på døren. Han var ikke hjemme.

2 Start these sentences with the adverb, and adjust the word order:

(a) Kari er på ferie.   Nå _____
(b) Vi kan gå på ski.   Her _____
(c) Hilde og Erik kommer.   Der _____
(d) Jeg vil gjerne ha en kopp kaffe. Nå _____
(e) Hun skal studere i London   Snart _____

3 Change the verb in these sentences to the pluperfect:

(a) Erik og Hilde (**invitere**) ___ John og Bente til hytten i påsken.
(b) Det (**snø**) ___ mye i vinter.
(c) John (**være**) ___ i Trondheim.
(d) Bente (**ha**) ___ det travelt.

4 Answer the questions with a complete sentence:

(a) Bruker Erik piggdekk om sommeren?
(b) Er det elektrisitet i hytten til Hilde og Erik?
(c) Hvordan får de vann om vinteren?
(d) Hvor er toalettet?

5 The verbs in the following sentences are in the past tense. Change the verbs into present tense:

(a) Hotellet hadde skikurs for begynnere.
(b) Hilde gikk lange skiturer.
(c) Erik kjørte på ski ned bakken.
(d) Bente stod på toppen av bakken.

6 Use the list of adverbs from the **Grammatikk** and insert suitable ones below:

(a) Det er lite (*not much*) snø, så vi kan ___ gå på ski.
(b) Erik er ___ flink til å kjøre slalom.
(c) Først skal vi gå på ski, og ___ skal vi drikke sjokolade.
(d) Hilde går ___ lange skiturer.

7 Imperatives!

(a) (**å bøye**) ___ knærne!
(b) (**å kjøre**) ___ ned bakken!
(c) (**å sitte**) ___ stille!
(d) (**å være**) Ikke ___ dum!

——— Hva du trenger å vite ———

Easter is the time when the Norwegians take to the mountains for the best skiing holiday of the year. The days are getting longer, and the sun is warm. There is usually plenty of snow on the higher ground. **Høyfjell** (*high mountain*) are areas above the tree line, usually about 700 metres or more above sea level.

All the hotels are fully booked, and all the holiday log cabins and cottages are occupied. The hotels have all modern conveniences, but the cabins can seem a bit primitive at first. In summer people use water from wells, from sparkling clean mountain streams and lakes or from rainwater tubs, but in winter they have to melt snow for water. Some cottages in the big skiing resorts may be connected to the main water supply, but this is not the norm. Outside chemical or biological loos are the usual thing. The cottages are cosy and warm, and there is nothing more pleasant than relaxing with friends or family in front of a roaring log fire after a good day's skiing.

The big ski resorts have slalom slopes, ski lifts and after-ski activities. But the majority of Norwegians prefer to spread themselves over the huge snow plains, trekking for miles up slopes and coming down fast, with tireless children, babies on sledges and rucksacks with Thermos flasks and food.

People usually take a week to ten days' holiday at Easter. Maundy Thursday is a public holiday as well as Easter Monday.

But don't go to Oslo at Easter. There is nobody around!

påske	*Easter*
palmesøndag	*Palm Sunday*
skjærtorsdag	*Maundy Thursday*
langfredag	*Good Friday*
påskedag	*Easter Day*

Friends and family will wish each other:

God Påske!   *Happy Easter!*

The verb *to ski* does not exist in Norwegian; use the following phrase expressions:

å gå på ski   *to go skiing*
å kjøre ned bakken   *to ski down the slope*

Hytte i snøen

Forstår du?

You are on a skiing holiday in the Norwegian mountains. At the top of a ski run you talk to a Norwegian couple, Hans-Jakob and Anne-Marie Lund.

Hans-Jakob   Hvordan liker du å være på fjellet?

Du   *I like it! I am with some friends in a cottage. It is a little primitive. The loo is outside, and there is no bathroom.*

Anne-Marie   Det er vanlig på hytter som ligger på fjellet. Hyttene ved sjøen er ikke så primitive.

Hans-Jakob   Jeg liker å være på hytte. Jeg liker å sitte foran peisen om kvelden og lese en god bok. Og så liker jeg å på gå ski.

Du   *I like skiing! I like slalom best. In the beginning I was* *afraid, but now I go fast down the slope. I don't fall often.*

Hans-Jakob   Jeg liker best å gå lange skiturer. Noen ganger går Anne-Marie med meg og andre ganger kjører jeg slalom med henne.

Du   *Would you like a cup of chocolate at the hotel when we get down? I would like to hear more about Norwegian cottages.*

Anne-Marie   Fint! Jeg vil gjerne ha en kopp sjokolade. Jeg kan fortelle deg mye om hyttene. Jeg kjører først. Ser dere der nede!

Hans-Jakob   Hyggelig å treffe deg. Jeg skal se deg utenfor hotellet. Kjør forsiktig!

primitiv *primitive*	**vanlig** *usual*
bad *bathroom* (et)	**begynnelse** *beginning* (en)

14
SYTTENDE MAI
I OSLO

Seventeenth of May in Oslo

In this unit you will learn

- why and how Norwegians celebrate their National Day
- how to ask about the past
- how to express interest in a subject
- how to say sorry

—————————— Samtale 1 ——————————

Tirsdag Syttende Mai. Bente and John didn't sort out their problems during the Easter holiday. Today is Norway's National Day, and Bente phones John in London. Now is her opportunity:

Klokken er ti over åtte. Bente ringer til John i London.

Bente   Hei, John, det er meg!

John   Hei, Bente! Så hyggelig å høre fra deg. Jeg har ikke snakket med deg siden påsken. Har du det bra?

Bente   John, jeg er så lei meg. Jeg savner deg fryktelig. Kan du tilgi meg?

John   Hva med den nye vennen din? Var det ikke Knut han het?

Bente   Jo. Jeg var litt forelsket i ham. Men det er over for lenge siden. Han var fryktelig kjedelig. Det hele kom av at jeg var ensom i Oslo. Men jeg vet nå at det var dumt av meg. Og det er deg jeg tenker på og deg jeg savner. Jeg er virkelig lei meg. Er du sint på meg?

John Jeg var sint i påsken. Jeg visste at noe var galt, men du ville ikke snakke om det. Jeg er ikke sint lenger, men jeg er såret, og jeg har vært veldig sjalu på Knut.

Bente Om forlatelse, John. Jeg skulle ønske du var her i dag! Det er Syttende Mai, og nå er det virkelig blitt vår. Det er sol og alle er ute i sommerklærne sine.

John Klokken er bare ti på halv ni i Norge, så det er vel ikke så mange som er ute.

Bente Alle er oppe og ute tidlig på Syttende Mai! Jeg skal til byen nå, slik at jeg kan få se barnetoget.

John Barnetoget?

Bente Alle skolebarna i Oslo og omegn går i en stor prosesjon opp hele Karl Johans gate og forbi Slottet. På Slottsbalkongen står Kongefamilien og vinker til barna. Hver skole har sitt musikk-korps som spiller marsjer og norske melodier. Hele Oslos befolkning er i byen. Det er alltid en festlig dag. Men nå må jeg løpe til bussen. Si at du tilgir meg!

John Det gjør jeg vel, din tulling! Jeg ringer til deg i kveld. Ha det!

lei meg *sorry*	(et)
fryktelig *terribly*	**skolebarna** *the school children* (et
tilgi *forgive* (å tilgi)	skolebarn)
forelsket *in love*	**omegn** *surrounding area* (en)
ensom *lonely*	**prosesjon** *procession* (en)
lenger *any longer*	**Kongefamilien** *the Royal Family*
såret *hurt* (å såre)	**vinker** *wave* (å vinke)
sjalu *jealous*	**musikk-korps** *brass band* (et)
om forlatelse *sorry / please forgive*	**spiller** *play /plays* (å spille)
me	**marsjer** *marches* (en marsj)
skulle ønske *really wish*	**melodier** *tunes* (en melodi)
sommerklærne *the summer clothes*	**befolkning** *population* (en)
barnetoget *the children's parade*	**løpe** *run* (å løpe)

Sant eller usant? 1

(a) Bente sier at hun er lei seg.
(b) Bente spør om John vil tilgi henne.
(c) Barnetoget går til Aker Brygge.
(d) Det er blitt vår, og alle bruker sommerklær.

Samtale 2

Bente er i byen med sin kusine, Nina.

Nina   Så gøy å være i Oslo på Syttende Mai! Det er kult å bo hos deg, Bente!

Bente   Du er ikke så verst. Men du vet jeg flyttet til Oslo fordi jeg ville bo for meg selv, og du er like mye bry som søsknene mine. Jeg håper du finner deg en hybel snart!

Nina   Jada, jada, ikke mas! Er ikke musikken fin? Se der nede i gaten kommer barnetoget! Jeg synes politimennene på de store hestene sine er kjempekjekke!

Bente   De er så søte, alle disse ungene, når de går i tog i sine beste klær. Og alle flaggene! Det norske flagget er veldig pent.

Så går barnetoget forbi dem, skole etter skole med musikk-korps foran. Barna er i sine fineste klær og alle har flagg i hendene. Tålmodige lærere holder orden på barna. Det er tusener av mennesker i gatene, som roper 'HURRA'. Alle har flagg, og alle har rødehvite og blå bånd på brystet.

Nina   Det er synd vi ikke kan se Kongefamilien herfra. Jeg synes Kronprinsen er helt super. Ham skulle jeg gjerne treffe!

Bente   Barnetoget tar et par timer. Vi kan prøve å komme nærmere Slottet, men det blir ikke så lett.

Nina   Jeg tror jeg har sett nok unger. Skal vi gå til Aker Brygge og kjøpe is?

Bente   God ide. Senere er vi invitert til tante Maiken til middag. Hun lager alltid verdens beste bløtkake!

kult *cool*	(et menneske *a person*)
for meg selv *for myself*	**roper** *shout/shouts* (å rope)
hybel *the bed-sit* (en)	**bånd** *ribbons* (et bånd)
jada *yes, yes!*	**brystet** *the breast / chest* (et)
mas *nag* (å mase)	**synd** *a pity* (en)
politimennene *the policemen* (en politimann)	**herfra** *from here*
hestene *the horses* (en hest)	**Kronprinsen** *the Crown Prince* (en kronprins)
ungene *the kids* (en unge)	**super** *super*
tog *train / procession* (et)	**nærmere** *nearer*
tålmodige *patient* (plural)	**verdens** *the world's* (en verden)
tusener *thousands* (et tusen)	**ide** *idea* (en)
mennesker *people*	

Sant eller usant? 2

(a) Bente håper at Nina snart finner en hybel.
(b) Ingen av skolene har musikk-korps.
(c) Nina er lei av å se barnetoget.
(d) Bente liker tante Maikens bløtkaker.

 ——————— **Samtale 3** ———————

In the evening

Det er sent på kvelden. John ringer til Bente.

John Har du hatt en fin dag?
Bente Det har vært festlig! Og nå er jeg helt utkjørt. Jeg sitter med de trette bena mine på bordet og et stort glass kaldt vann ved siden av meg. Jeg har spist altfor mye også. Jeg skal aldri spise så mye bløtkake mer!
John Hvorfor feirer dere egentlig Syttende Mai?
Bente Norge fikk sin grunnlov den Syttende Mai 1814. Norge hadde vært en dansk provins i hele firehundreogtrettifire år. I 1814 da Napoleonskrigen var over, måtte Danmark gi fra seg Norge til Sverige. Da var det at Norge fikk sin egen grunnlov og gikk inn i en union med Sverige. Denne unionen varte til 1905. Da ble Norge et selvstendig land. Men Syttende Mai er vår nasjonaldag.
John Men Kongefamilien, da. Hvor kommer den fra?
Bente Kongens bestefar het egentlig Carl og var en dansk prins. Han var gift med Maud, som var et av dronning Victorias barnebarn. Carl ble spurt om han ville bli Norges konge, og det ville han. 1 1905 kom han til Norge som Kong Haakon. Det er et gammelt, godt navn fra vikingtiden. Hans sønn, Alexander, fikk navnet Olav. Olav var kong Haralds far. Og, som du vet, er Harald kongen vår nå.
John Hvorfor heter hovedgaten Karl Johans gate?
Bente Karl Johan var den svenske kronprinsen i 1814. Han aksepterte at Norge bare var i en union med Sverige og ikke ble en svensk provins, og at Norge hadde sin egen grunnlov. Karl Johan ble en god konge. Han hadde også en interessant historie, men dette blir en dyr telefonsamtale!

John   Jeg vil gjerne lære mer om Norges historie, særlig om vikingtiden og tiden rundt 1814.

Bente   Norges historie er veldig interessant. Jeg skal fortsette å fortelle mer i sommer. Hva har du gjort i dag?

John   Husker du at jeg deler leilighet med en student som heter Louise? Hun liker å lage mat, og vi har nettopp spist en deilig middag.

Bente   Åh.

utkjørt *exhausted*	**selvstendig** *independent*
egentlig *really*	**land** *country* (et)
grunnlov *constitution* (en)	**nasjonaldag** *National day*
dansk *Danish*	**prins** *prince* (en)
provins *province* (en)	**svensk** *Swedish*
Napoleonskrigen *the Napoleonic war* (en)	**vikingtiden** *the Viking age* (en)
	fortsette *continue* (å fortsette)
krig *war* (en)	**aksepterte** *accepted* (å akseptere)
Danmark *Denmark*	**historie** *history* (en)
union *union* (en)	**særlig** *especially*
varte *lasted* (å vare)	

Sant eller usant? 3

(a) Norge fikk sin grunnlov syttende mai 1814.

(b) Karl Johan tok navnet Haakon da han ble konge.

(c) Maud ble dronning i 1915.

(d) Dronning Victoria var Mauds bestemor.

————— Slik sier vi det —————

• On May 17th people say to each other:

Gratulerer med dagen!	*Congratulations of the Day!*
Gratulerer med Syttende Mai!	*Happy 17th of May!*
Hurra!	

• How to say *sorry!*

Unnskyld.	*Excuse me.*
Jeg er lei meg.	*I am sorry.*
Jeg er lei for at ...	*I am sorry that ...*
Om forlatelse.	*Forgive me.*

Tilgi meg!	*Forgive me!*
Kan du tilgi meg?	*Will you forgive me?*
Er du sint på meg?	*Are you cross with me?*
Ikke vær sint på meg!	*Don't be cross with me!*
Ikke mas!	*Don't nag!*

- I wish that ...

Jeg skulle ønske ...	*I wish ...*
Jeg skulle ønske du var her nå.	*I wish you were here now.*
Jeg skulle ønske at jeg var rik.	*I wish I were rich.*

Note the different tense in Norwegian.

- How to describe your boyfriend:

Han er kjempekjekk.	*He is handsome, wonderful, etc.*
Han er super!	*He is super!*
Han er ikke så verst.	*He is not too bad.*
Han er kjempedum!	*He is very stupid.*

Grammatikk

1 Da, da *and* da / når *(then, as / since and when)*

Da has more than one meaning:

Da *then* (tag word, explained in Unit 15)
Da *then* (adverb)

Da gikk han.	*Then he went.*

Da *as / since* (conjunction)

Da hun ikke likte norsk mat, reiste hun hjem til Amerika.	*As she did not like Norwegian food, she travelled ...*

Da *when* (conjunction)

Da de kom hjem, spiste de.	*When they came ...*

Når *when* (conjunction)

Når de kommer hjem, skal de spise.	*When they come ...*

Da and **når** both mean *when*. **Da** is used about the past (see the two examples above) and **når** is used about the present and future, and stating something that happens regularly. *When* as a question is always **når** (**når kom han?** / **når kommer han?**).

Norwegians remember this by the following:

Den gang da – hver gang når   *That time when – every time when.*

Try to remember it!

2 Gå

You looked at **gå** in Unit 12. Here are some more examples:

Jeg går på ski.	*I go skiing.*
Toget går klokken seks.	*The train goes / leaves at six o'clock.*
Flyet går til New York.	*The plane goes to New York.*
Det går /er en god film på Odeon.	*There is a good film on at the Odeon.*
Dette går ikke.	*This won't do.*
Jeg går til tannlegen.	*I go to the dentist.*

In all these examples you use **å gå**, but remember that if you are travelling somewhere, you never use **gå** unless you are actually walking:

Jeg reiser til Los Angeles i kveld.	*I go to Los Angeles this evening.*
Jeg kjører til Newcastle nå.	*I am going to Newcastle now.*
Jeg drar til London på mandag.	*I am going to London on Monday.*

3 Verbs – the infinitive

There is one way of constructing sentences in English which does not exist in Norwegian, so you'll need to re-phrase:

*I want you **to come**.*	Jeg vil at du skal komme.
*John didn't know **what to do**.*	John visste ikke hva han skulle gjøre.
*Bente doesn't know **when to stop**.*	Bente vet ikke når hun skal stoppe.

The short infinitive in English must have a modal, or helping, verb in Norwegian.

4 The modal verbs skal and vil

You have seen in Unit 2 how future tense is formed from a modal verb + infinitive:

Vi skal reise til Amerika.
John vil ha sommerjobb på et hotell.

There is a tendency to use **skal** in the first person and **vil** in the second and third, but there is no rigid rule. Notice these uses of **skal**:

Jeg skal reise på torsdag.	*I shall go / travel on Thursday.*
Jeg skal kjøpe en sykkel.	*I am going to buy a bike.*
Jeg skal være der klokken ti.	*I am supposed to be there at ten o'clock.*

Peculiar to the Scandinavian languages and German is that you can omit the main verb in certain situations.

Jeg vil hjem.	*I want to go home.*
Jeg skal til tannlegen.	*I shall go to the dentist.*
Hvor skal du?	*Where are you going?*
Jeg må til byen.	*I have to go to town.*

5 Comparison of adverbs

Adverbs which come from adjectives are compared in the same way as the corresponding adjectives:

adjective	pen (*pretty*)	penere	penest
adverb	pent (*prettily*)	penere	penest

In English you would normally use *more* and *most* when comparing adverbs, as you would with some adjectives.

More adverbs:

sent	senere	senest	(*slowly*)
stygt	styggere	styggest	(*uglily*)
fryktelig	frykteligere	frykteligst	(*terribly*)
langt	lenger	lengst	(*far*)
godt	bedre	best	(*well*)
vondt	verre	verst	(*painfully*)
dårlig	verre	verst	(*badly*)
fort	fortere	fortest	(*quickly*)

John føler seg dårlig, men Erik er verre.	*John feels ill, but Erik is worse.*
Min tykke tante kjører fortere enn meg.	*My fat aunt drives faster than me.*

Note that **fryktelig** and **fort** are also adjectives:

adjective	en fryktelig dag	*a terrible day*
adverb	han skrek fryktelig	*he screamed terribly*
adjective	en fort bil	*a fast car*
adverb	Bente kjørte fort	*Bente drove fast*

Some independent adverbs can also be compared:

ofte (*often*)   oftere (*more often*)   (oftest) (*most often*)
gjerne (*willingly*)   heller (*rather*)   helst (*preferably*)

Han går ofte på kino.	*He often goes to the cinema.*
Vi er oftere hjemme.	*We are more often at home.*
Som oftest spiser jeg for meget.	*Most often I eat too much.*
Jeg vil gjerne reise til Norge.	*I would like to travel to Norway.*
Min mann vil heller reise til Amerika.	*My husband would rather travel to America.*
Min nye venn vil helst reise til Italia.	*My new friend would like best to travel to Italy.*

Øvelser

1 Insert **da** or **når** in the gaps to complete these sentences:

(a) ___ John kom til Bergen, regnet det.
(b) Det regner alltid ___ han er i Norge.
(c) ___ kommer du?
(d) ___ kom dere til Norge?
(e) Det var mørkt ___ Bente kom hjem.

2 Where would you use **gå** and where would you use **reise** to complete these sentences?

(a) John liker å ___ på ski.
(b) Bente vil gjerne ___ til Amerika.
(c) Fergen ___ til Gøteborg.

(d) Skal vi ___ på kino i kveld?

(e) De skal ikke ___ til Nord-Norge denne sommeren.

3 These sentences are in the past tense. Change them to the future using **skal** and **vil**:

(a) Vi kjøpte en rød bil.   Vi _____

(b) Jeg reiste til Stavanger.   Jeg _____

(c) John sendte et brev og et kort til York.   John _____

(d) Trond spiste en stor is.   Trond _____

(e) John drakk et glass saft.   John _____

4 Mental arithmetic! What are the answers (in Norwegian)?

(a) Tretten og seks er …

(b) Seksten og fjorten er …

(c) Sju og åtte og elleve er …

(d) Tolv og atten er …

(e) Nitten og femten er …

5 Don't forget adjectives and nouns! Here are some regular ones:

en hvit bil	den hvite bilen	mange hvite biler	de hvite bilene
et hvitt hus	det hvite huset	mange hvite hus	de hvite husene

(a) en stor gutt   _____ _____ _____

(b) et gult bord   _____ _____ _____

(c) et langt tog   _____ _____ _____

(d) en god klem   _____ _____ _____

(e) en sint dame   _____ _____ _____

6 That was too easy! How about these:

(a) en dårlig far   _____ _____ _____

(b) en liten søster   _____ _____ _____

(c) en tykk mann   _____ _____ _____

(d) et snilt barn   _____ _____ _____

7 Saying sorry. What would you say in the following situations?

(a) You have been really awful to someone.

(b) You accidentally step on someone's foot.

(c) You have made someone cross.

(d) You have to interrupt a conversation.

(e) You ask someone to forgive you.

8 Insert the correct form of the adverb:

(a) John kom (*often*) ___ til Norge.

(b) Bente kjørte (*faster*) ___ enn Erik.

(c) Bente skriver (*more uglily*) ___ enn Hilde, men Kari skriver (*most uglily*) ___ .

(d) Jeg vil (*rather*) ___ reise til Alaska.

(e) Tom spiller fotball (*better*) ___ enn Arne.

——— Hva du trenger å vite ———

Count Jean Bernadotte, one of Napoleon's marshals, had been adopted by the old, childless Swedish king some years before Napoleon's final war. The Count was now Crown Prince of Sweden and had taken the name Karl Johan. Napoleon had counted on the support of Sweden, and he was furious when he learnt that Sweden had joined the enemy.

When Napoleon lost his last big battle at the end of 1813, Denmark and Norway were on the losing side. Sweden had sided with the Allies, and after their victory, Sweden wanted Norway. Denmark had to hand over Norway to Sweden, as part of the peace agreement.

This was when the Norwegians revolted. With the help of the Danish prince, Christian Frederik, who was the Danish governor of Norway, Norwegian representatives formulated the new Norwegian Constitution. This was accepted on the 17th May, 1814, and since then **Syttende Mai** has been Norway's National Day. Norway entered into a union with Sweden, which ended in 1905, when Norway at last became fully independent.

Karl Johan became king of Sweden and Norway, and as far as Norway was concerned, he was a good and popular king.

● Some expressions:

Jeg er lei meg.   *I am sorry.*

Don't get this mixed up with:

Jeg er lei av ...   *I am fed up with / tired of ...*

Jada!   *Yes I know!*

Da *then* is also a tag-word. This means that it is not an absolutely necessary word, but adds a little flavour. There is more about 'tag' words in Unit 15.

Når kommer du?   *When are you coming?*
Når kommer du, da?   *When are you coming, then?*

Så fint at ...   *How nice that ...*
Så pen du er!   *How pretty you are!*
Så hyggelig å se deg!   *How lovely to see you!*

Until 70 or so years ago, the letter 'å' was written 'aa'. It was the same in Denmark, where the change to 'å', happened much later. You will still come across the 'aa' in old family names. King Harald's grandfather was **Haakon**, and the Crown Prince, named after his great-grandfather, is **Haakon Magnus**.

 ———————— **Forstår du?** ————————

You are very tired after a busy 17th May in Oslo. Now you are having a cold beer with a Norwegian friend, Silje, at an open-air café.

Silje Så fint at det er varmt nok til å sitte ute idag. Det er plutselig blitt sommer. Det er ikke alltid så varmt i mai!

Du *It has been a very good day. I am so tired! My legs are very tired. We must have walked many kilometres.*

Silje Jeg tror at Kongen og hans familie må være trette også. De har stått på balkongen på Slottet i mange timer og vinket til barna.

Du *Have you heard from Knut?*

Silje Ja, han ringte til meg på torsdag. Han vil gjerne treffe meg igjen. Det er slutt med ham og Bente. Bente er sammen med sin engelske venn, John, igjen. Jeg har truffet John. Jeg liker ham veldig godt. Bente er heldig.

Du   *Would you like to see Knut again?*

Silje Nei, ikke nå. Du vet at jeg var forelsket i ham. Han er kjempekjekk, vet du. Men jeg visste ikke at han var sammen med både Bente og meg på samme tid. Da jeg fikk vite det, var jeg sjalu på Bente og fryktelig sint på Knut. Nå sier han at han er lei seg. Han vil at jeg skal tilgi ham. Men jeg vil ikke se ham nå. Han tenker bare på jenter og fotball!

Du   *You will soon meet a pleasant young man. 'Skål' for you, Silje, and 'Skål' for Norway!*

Silje 'Skål' for Syttende Mai!

15
SANKT HANSAFTEN PÅ VESTLANDET

*Midsummer in the
West Country*

In this unit you will learn how to

- book a room in an hotel
- pay the bill
- complain
- cope with another special day in Norway

 ──────────── **Samtale 1** ────────────

Fredag tjuetredje juni. John started to work at Nordlys Hotell in Stavanger as soon as he finished his studies in London. He has only been there a very short while, but it is going well.

Det er en fin, varm sommerdag. John arbeider i resepsjonen på Nordlys Hotell, og han har en travel arbeidsdag. Han gleder seg til kvelden. Da skal han feire Sankt Hans med Bente.

En familie kommer inn i resepsjonen.

John God dag. Kan jeg hjelpe dere?

Mannen Morn. Har dere et rom ledig for en natt? Siden barna er små, vil vi helst ha ett rom for alle fire. Med bad, selvfølgelig.

John Jeg skal se. Ja, vi har et stort rom ledig. Det er i tredje

	etasje. Det er det siste rommet vi har ledig i dag. Dessverre er det ikke utsikt til sjøen.
Damen	Hvor meget koster det, da?
John	Det koster kr 600 for natten for to personer. Det koster ikke noe for de to barna hvis de er under tolv år og de bor i foreldrenes rom. Frokost er inkludert.
Damen	Det passer bra. Gutten er ni år og piken er seks. Det er vel noe for barna å gjøre her på hotellet?
John	Det er lekerom i andre etasje og svømmehall og badstu der borte ved siden av restauranten. Det er et trimrom der også. Barn under tolv år må ikke bruke svømmehallen alene.
Damen	Når kan vi få frokost i morgen? Vi kan vel lage matpakke? Vi skal kjøre langt i morgen, og vi vil gjerne starte tidlig.
John	Frokost serveres fra klokken sju til halv ti. Si til servitøren at dere vil lage niste. Det koster litt ekstra. Han vil gi dere matpapir. Hvis dere har termos, kan dere få med dere kaffe.
Mannen	Dette høres bra ut. Vi er sultne. Hvor kan vi spise?
John	Kafeteriaen der borte er åpen hele dagen. Restauranten er åpen for lunsj fra kl. tolv til tre og for middag fra kl. fem til elleve. Jeg skal fylle ut bestillingen, og så skal dere få nøkkelen til rommet. Det er rom nummer trehundreogfem. Hva er navnet?

natt *night* (en)	**servitøren** *the waiter* (en)
bad *bath/bathroom* (et bad)	**lage** *make* (å lage)
personer *persons* (en person)	**niste** *packed meal* (en)
inkludert *included*	**matpapir** *greaseproof paper* (et)
lekerom *play room* (et)	**termos** *Thermos flask* (en)
trimrom *gym* (et)	**høres bra ut** *sounds good*
bruke *use* (å bruke)	**lunsj** *lunch* (en)
matpakke *packed meal* (en)	**fylle ut** *fill in* (å fylle)
starte *start* (å starte)	**nøkkelen** *the key* (en)
serveres *is served* (å servere)	

Sant eller usant? 1

(a) Familien vil gjerne ha to rom for natten.

(b) Det koster ikke noe ekstra for barn under ti år.

(c) Hotellet har ikke badstu, men det er en svømmehall der.

(d) Det koster kr 600 for natten uten frokost.

Samtale 2

John is working in the hotel reception. Not all the guests are happy! John has to deal with a very dissatisfied couple:

Mannen   Jeg vil snakke med direktøren! Jeg vil klage over dette dårlige hotellet!

John   God dag, hr Johansen. Direktøren er dessverre ikke her før kl. halv fire. Kan jeg hjelpe Dem?

Mannen   Nå reiser vi, og jeg skal betale regningen. Men vi kommer ikke tilbake hit igjen!

John   Jeg vil gjerne vite hva det er De er så misfornøyet med. Våre andre gjester er meget fornøyet, både med hotellet og rommene.

Mannen   Rommet var for varmt. Jeg kunne bare åpne vinduet litt. Gardinene var for tynne. Det var lyst hele natten. Jeg kunne høre trafikken på veien. I morges var dusjen kald. Min kone syntes at badet var skittent og at sengen var for hard. Frokosten var ikke god heller. Kaffen var for sterk og eggene var kokt for meget. Jeg likte ikke marmeladen og jeg fikk en skitten kopp!

John   Jeg er lei for at dere har hatt en dårlig natt her. Var det noe mer?

Mannen   Ja, barn skulle ikke få lov til å bruke svømmehallen! Det er for mange barn her også. Og heisen er ikke stor nok for min kone.

John   Jeg beklager. Jeg skal snakke med direktøren når jeg ser ham senere. Her er regningen.

Mannen   Jeg vil gjerne betale med kredittkort. La meg få kvitteringen.

i full fart *at full speed*	**natten** *the night* (en)
kone *wife* (en)	**trafikken** *the traffic* (en)
klage *to complain* (å klage)	**i morges** *this morning*
regningen *the bill* (en)	**dusjen** *the shower* (en)
misfornøyet *dissatisfied*	**skittent** *dirty* (skitten)
fornøyet *satisfied*	**få lov til å** *be allowed to*
for *too*	**heisen** *the lift* (en)
tynne *thin* (plural)	**beklager** *apologise* (å beklage)
lys *light*	**kredittkort** *credit card* (et)

Sant eller usant? 2

(a) Den sinte mannen har en tynn kone.
(b) Mannen vil snakke med direktøren, men han er ikke der.
(c) Mannen er meget fornøyet med hotellet.
(d) Mannen sa at dusjen var kald og koppen var skitten.

———————— Samtale 3 ————————

After a busy day, John can now enjoy Sankt Hans with Bente and some friends.

Nå er det kveld, og John er glad for å være fri. Det har vært en travel dag. Bente og John drar med noen venner ut på fjorden i en motorbåt. De finner en liten holme der det ikke er noen andre. Her fortøyer de båten. Alle synes at det er for kaldt til å bade. De finner rekved og tenner et bål. Så griller de pølser på bålet. De spiser, prater og koser seg. En av guttene har en gitar med seg. Han spiller og de andre synger.

John ser ut over sjøen. Det er nesten midnatt, men det er ikke helt mørkt. Han ser bålene som brenner på andre holmer, og de hører latter og musikk over fjorden. Bente setter seg ved siden av ham.

John   Hvorfor feirer dere Sankt Hans?
Bente   Det er årets lengste dag. Vi gleder oss over at det er så lyst. Vinteren er lang og mørk i Norge, vet du. Vi drar alltid ut på sjøen, og det er vanlig å brenne bål.
John   Det er fint å sitte slik og se ut over fjorden. For en fin, stille kveld! Du, jeg så at alle hadde redningsvester i båten.
Bente   Nordmenn har respekt for sjøen. Det er forbudt å være i båt uten redningsvest. Som du ser, er det tusenvis av småbåter på fjorden, og mange barn er ute i båt alene. Nordmenn er født med ski på bena, heter det. De er født i båt også!

Bente tar hånden hans.

Bente   Det er fint å sitte slik sammen med deg, John.
John   Ja, det synes jeg også. Men nå vil jeg gjerne ha sjokoladekake og kaffe! La oss gå tilbake til de andre.

fri *free*	**gitar** *guitar* (en)
drar *go / travel* (å dra)	**midnatt** *midnight* (en)
fjorden *the fjord* (en)	**brenner** *burn* (å brenne)
motorbåt *motor boat* (en)	**latter** *laughter* (en)
holme *island* (en)	**lengste** *longest*
fortøyer *tie up* (å fortøye)	**slik** *like this*
båt *boat* (en)	**redningsvest** *life jacket* (en)
rekved *driftwood* (en)	**respekt** *respect* (en)
bål *bonfire* (et)	**tusenvis** *thousands*
grille *grill / barbecue* (å grille)	**småbåter** *small boats* (en småbåt)
pølser *sausages* (en pølse)	**født** *born*
koser seg *have a good time* (å kose seg)	**heter det** *the saying goes / it is said*

Sant eller usant? 3

(*a*) I Norge feirer de Sankt Hans fordi det er årets lengste dag.
(*b*) John og Bente drar i en motorbåt med noen venner.
(*c*) Alle bruker redningsvester i båten.
(*d*) Nordmenn er født i båt med ski på bena.

———— Slik sier vi det ————

- How to book a hotel room, how to pay and how to complain:

Jeg vil gjerne bestille et rom.	*I would like to book a room.*
Jeg vil gjerne bestille et rom med bad.	*I would like to book a room with a bathroom.*
Har dere et rom ledig?	*Have you got a vacant room?*
Har dere et rom ledig for en natt?	*Have you got a room for one night?*
Hva koster det?	*What does it cost?*
Er frokost inkludert?	*Is breakfast included?*
Er det halv pris for barn?	*Is it half price for children?*
Vi vil gjerne ha et rom med utsikt.	*We would like a room with a view.*
Vi vil gjerne ha et rom med balkong.	*We would like a room with a balcony.*

Er det heis?	*Is there a lift?*
Er det svømmehall og trimrom?	*Is there a swimming-pool and gym?*
Jeg er sulten. Hvor kan jeg spise?	*I am hungry. Where can I eat?*
Kafeteriaen er åpen hele dagen.	*The cafeteria is open all day.*
Restauranten er åpen fra kl. 12 til kl. 11.	*The restaurant is open from 12 o'clock to 11 pm.*
Kan jeg få snakke med direktøren?	*May I speak to the manager?*
Jeg er ikke fornøyet!	*I am not satisfied!*
Jeg er misfornøyet med rommet!	*I am dissatisfied with the room!*
Det var for mye bråk i natt!	*There was too much noise last night!*
Maten var dårlig!	*The food was bad!*
Dette glasset er skittent!	*This glass is dirty!*
Kan jeg få regningen?	*May I have the bill?*
Jeg vil gjerne betale regningen.	*I would like to pay the bill.*
Jeg vil gjerne betale med sjekk.	*I would like to pay by cheque.*
Kan jeg bruke kredittkort?	*May I use a credit card?*
Er service inkludert?	*Is service included?*
Jeg vil gjerne ha en kvittering.	*I would like a receipt.*
Velkommen tilbake!	*Welcome back!*
Vi kommer ikke hit igjen!	*We are not coming here again!*

Grammatikk

1 More about compound nouns

As you saw in Unit 9, many of the long words are actually two or more words joined together. There are many more of them in this unit. Here are some.

en sommerdag	*a summer's day*
en arbeidsdag	*a working day*
et lekerom	*a playroom*
et trimrom	*a gym*
en matpakke	*a packed meal*
et matpapir	*greaseproof paper*

The first part of the compound describes the word, but it is the last part which is the important one. The gender will be that of the last word.

et arbeid – en dag
en arbeidsdag

en mat – et papir
et matpapir

Some nouns can be either compounds or written with a preposition:

et trehus	*a wooden house*	et hus av tre	*a house of wood*
en ullgenser	*a woollen sweater*	en genser av ull	*a sweater of wool*
en gullring	*a gold ring*	en ring av gull	*a ring of gold*

2 Question words

Apart from **når** (*when*), all the question words start with **hv**.

hva	(*what*)	(pronoun)
hvem	(*who*)	(pronoun)
hvilken	(*which*)	
hvilket	(*which*)	(pronoun)
hvilke	(*which*)	
hvor	(*where*)	(adverb)
hvordan	(*how*)	(adverb)
hvorfor	(*why*)	(adverb)

Hvilken is used with common gender words: **Hvilken dag er det idag?**
Hvilket is used with neuter words: **Hvilket år er det?**
Hvilke is used for plural words: **Hvilke bøker liker du?**

3 Tag words

vel *I suppose* (adverb)
nok *sure to*
da *then*

nok *enough* (adverb) is a different word
da *then / when* also has different uses

There is much use of the tag words in Norwegian. They are difficult to translate, but they do make a subtle difference to the meaning.

Han kommer i dag.	*He comes / is coming today.*
Han kommer vel i dag.	I suppose he comes / is coming today.

Vel indicates that there is a slight element of doubt.

Han kommer nok idag.	*He is sure to come today.*

Nok gives a feeling of confidence to this statement.

Kommer han idag?	*Is he coming today?*
Kommer han idag, da?	*Is he coming today, then?*

Da makes no difference at all to the meaning. It just gives a certain flow to the phrase.

4 The passive

The easiest way to see the difference between active and passive forms of the verbs is to compare these sentences.

Bente spiste kaken.	*Bente ate the cake.*	(active)
Kaken ble spist av Bente.	*The cake was eaten by Bente.*	(passive)
Kaken ble spist.	*The cake was eaten.*	(passive)

In the active form the subject carries out the action which the verb describes. In the passive form the 'object', i.e. the cake, becomes the subject. The active subject becomes the agent, or is perhaps left out.

The passive is expressed in two ways in Norwegian. The first is by using the verb **å bli** – **blir** – **ble** – **har blitt** (*to become / get*) and past participle, as above (**Kaken ble spist**).

5 The s-verb passive

Norwegian, like other Scandinavian languages, has passive forms with an **s**-ending:

Kaken spises av Bente.	*The cake is eaten by Bente.*
Bilen kjøres av John.	*The car is driven by John.*

Passive **s**-verbs have a rather limited use. They are mostly used in the present tense and with modal verbs:

| Noe må gjøres. | *Something has to be done.* |
| Maten kan grilles ute. | *The food can be grilled outside.* |

You can usually replace the passive **s**-verb with **bli** and the past participle.

Noe må bli gjort.
Maten kan bli grillet ute.

6 The non-passive s-verb

There are **s**-verbs in the active form as well:

Jeg synes at det er kaldt idag.	*I think that it is cold today.*
Det finnes ikke mat i huset.	*There is no food to be found in the house.*
Det føles rart å være i Norge.	*It feels strange to be in Norway.*
De skal skilles.	*They are getting divorced.*

A few **s**- verbs have reciprocal meaning (each other):

| Vi sees på mandag. | *We will see each other on Monday.* |
| De møttes i London. | *They met each other in London.* |

 ──────── **Øvelser** ────────

1 Which gender are these compound nouns?

  (*a*) kredittkort
  (*b*) motorbåt
  (*c*) lekerom
  (*d*) bilnøkkel

2 Change these sentences from active to passive:

Example: Bente spiser kaken. Kaken blir spist av Bente.

  (*a*) John kjører bussen.
  (*b*) Per liker Kari.
  (*c*) Bente kjøper genseren.
  (*d*) Mannen spiste frokost.
  (*e*) Hilde leste brevet.

3 Change these sentences into the past tense. The verbs are all Group 1 verbs (å stoppe – stopper – stoppet – har stoppet).

(a) Bussen stopper ved hotellet.
(b) John arbeider i resepsjonen.
(c) Hilde venter på Erik.
(d) Mor rydder i stuen.
(e) Barna bråker på kjøkkenet.

4 These verbs are Group 2 verbs. Change these sentences into past tense. (å reise – reiser – reiste – har reist).

(a) Bente reiser til Amerika.
(b) John kjører ikke motorsykkel.
(c) De spiser deilige smørbrød.
(d) Han hører ikke hva jeg sier.
(e) Trond liker sjokoladekake.

5 Use the right form of *which* in each of these questions:

(a) ___ dag er det i dag?
(b) ___ glass vil du ha?
(c) ___ bøker liker du å lese?
(d) ___ ben har du brukket?
(e) ___ bil er din?

6 Make questions for these answers using *question words*:

(a) _____ ? Han heter Hans.
(b) _____ ? De kommer fra Alaska.
(c) _____ ? Hun har det bra.
(d) _____ ? Det er min tykke tante som sitter der.
(e) _____ ? Hun smiler fordi hun er glad.

7 What would you say in the following situations?

(a) You would like to book a room for two people.
(b) You want to know if breakfast is included.
(c) You want to know if there is a swimming-pool.
(d) You ask for the bill.
(e) You want to speak to the manager.

Hva du trenger å vite

St John's Day (Midsummer Day) is called St Hans in Norway. The eve of St Hans, June the 23rd, is **Sankt Hans**, or **Sankt Hansaften**. This is the longest day, and it doesn't get properly dark at all, even in south Norway. In the north, of course, the midnight sun makes day and night the same.

Mye av Norge er nord for Polarsirkelen

The traditional way of celebrating Sankt Hansaften is for families and friends to go to the coast making bonfires and barbecues. There is music and singing well into the next day. Thousands of little boats chug along on the water, and people dance on the wooden jetties.

Norwegians are conscious of keeping their country litter-free, and the next day there is little evidence of the previous night's celebration.

Breakfast in a hotel in Norway will consist of herring in various pickled varieties, sardines, cold meats, salami, liver pâté and cheese. You will also get cereal, jams, boiled eggs and different kinds of bread and crispbread. It is common to ask the waiter for greaseproof paper, and to make a packed lunch at the same time. And your Thermos can be filled with coffee too. (There is usually an additional charge for this.)

Don't worry about saying **skitt** (pronounced as *shit*) or **skitten!** They are perfectly good, useful Norwegian words:

skitt *dirt* (noun)
skitten *dirty* (adjective)

You can also say **skitt!** as an expletive. It just means *dirt* and is no worse than saying *bother!* Your friend's grandmother won't even raise an eyebrow.

 ——————— **Forstår du?** ———————

You phone a hotel to make a booking:

Damen i resepsjonen	Nordlys Hotell. Vær så god?
Du	*I would like to book a room for tomorrow night, for one night.*
Damen	Nå skal vi se. Jo, vi har noen rom ledige. Er det for en eller flere personer?
Du	*I would like a double room with a bathroom.*
Damen	Vi har et rom i fjerde etasje med utsikt over sjøen. Rommet har bad og balkong. Dessverre er det ikke heis. Det andre rommet er i andre etasje. Parkeringsplassen er like utenfor. Det er fin utsikt til fjellene.
Du	*I will take the room with the sea view. May I bring my dog?*

Damen	Dessverre tar vi ikke hunder eller katter. Kommer dere med bil? Hunden må nok sove i bilen.
Du	*We will arrive at 9 o'clock, and we would like some dinner.*
Damen	Restauranten er åpen til klokken halv elleve. Kafeteriaen er åpen til midnatt.
Du	*Fine. We will come tomorrow.*
Damen	Velkommen til Nordlys i morgen.

hunder	*dogs* (en hund)	**katter**	*cats* (en katt)
dobbel	*double*	**ankomme**	*to arrive*
ta med	*bring*		

Procession in Jotunheimen

16

HVA NÅ

What now?

In this unit you will learn how to

- express thoughts
- express feelings
- be nostalgic

Onsdag attende september. It is now autumn. John is working at the Nordlys hotel in Bodø, north of the Arctic Circle.

Det er blitt høst igjen og John er i Bodø. Han skal arbeide på de forskjellige Nordlyshotellene for å bli kjent med hva hotellene kan tilby sine gjester på forskjellige steder i Norge.

John trives med arbeidet sitt, og han liker å bo i Bodø. Bodø er en hyggelig, liten by på kysten nord for Polarsirkelen, og naturen er utrolig vakker. John liker å fiske og han går lange turer i fritiden.

Bente har reist til Amerika for å studere moter og økonomi. Noen ganger tenker John på hvor merkelig livet er. Han kom til Norge fordi Bente var her. Han har fått en god jobb og kunne ikke tenke seg å flytte tilbake til England med det første, men nå har Bente reist!

John har fotografert mye med det lille kameraet sitt dette året. Nå ser han på bildene og tenker tilbake på alle de gode stundene de har hatt sammen, han og Bente. Han ser på det fotografiet som han liker best. Det viser Bente i motorbåten på Sankt Hansaften. Hun smiler til ham og de blå øynene hennes er fulle av latter. Det lyse håret blåser rundt det solbrune ansiktet. Så pen hun er! John savner henne fryktelig. Han ser ut mot de snødekte fjellene i sør. Plutselig ringer telefonen.

forskjellige   *various/different*
bli kjent med   *get to know*
tilby   *offer* (å tilby)
trives   *thrives/likes to be* (å trives)
kysten   *the coast* (en)
Polarsirkelen   *the Arctic Circle* (en)
utrolig   *incredibly*
fiske   *fish* (å fiske)
turer   *trips, usually on foot* (en tur)
fritiden   *the spare time* (en)
merkelig   *strange*
livet   *life* (et)
tenke seg   *imagine* (å tenke seg)
med det første   *in the foreseeable future*
fotografert   *taken photos* (å fotografere)
kameraet   *the camera* (et)
bildene   *the pictures* (et bilde)
fotografiet   *the photo* (et)
viser   *show/shows* (å vise)
blåser   *blow/blows* (å blase)
snødekte   *snow covered* (plural)
sør   *south*

You now cross the Arctic Circle.

Sant eller usant? 1

(a)   John trives i den lille byen nord for Polarsirkelen.
(b)   Bente studerer i Oslo.
(c)   John kan ikke tenke seg å arbeide i Norge.
(d)   John ser på det pene bildet av Bente på Syttende Mai.

Samtale 2

John rushes to answer the telephone. It is Bente!

Bente Hei, John! Jeg sitter her og tenker på deg. Hvordan har du det?

John Så hyggelig å høre fra deg! Jeg har det fint. Jeg sitter og ser på fotografiene fra i sommer. Jeg savner deg.

Bente Jeg vet ikke hva jeg skal gjøre. Jeg trives så godt her i Seattle og jeg liker studiet mitt, men jeg savner deg og jeg føler at vi glir fra hverandre. Synes du at jeg skal komme tilbake?

John Du vil angre på det senere hvis du gir opp studiet nå. Jeg synes at du skal fortsette. Kommer du hjem til jul?

Bente Nei, det blir for dyrt. Det er dyrt nok å studere i utlandet, og jeg har et studielån.

John Min julepresang til deg i år er en flybillett tur/retur til Norge i juleferien. På en betingelse! At du er sammen med meg hele tiden.

Bente John, du er en engel! Jeg skal være sammen med deg hvert øyeblikk! Jeg gleder meg til juleferien.

John Jeg ser også frem til å se deg igjen. Jeg gleder meg til å vise deg hvor vakkert det er her i Nordland. Dette må være verdens vakreste natur.

Bente Ikke bedre enn Vestlandet, vel! Nå må jeg ikke snakke lenger. Ha det, kjære John!

John Ha det, Bente. Jeg er veldig glad i deg!

føler *feel* (å føle)	**utlandet** *abroad*
glir *slide/slip* (å gli)	**studielån** *study loan* (et)
gli fra hverandre *drift apart*	**juleferien** *the Christmas holiday* (en)
angre *regret* (å angre)	**betingelse** *condition* (en)
gir opp *give up* (å gi opp)	

Sant eller usant? 2

(a) Bente trives ikke med studiet sitt og livet i Seattle.
(b) John synes at hun skal gi opp studiet.
(c) Det er billig å studere i utlandet.
(d) John vil gi Bente en flybillett i julepresang.

Samtale 3

Søndag tjueandre september. John and some of his new friends are in a cafeteria.

Det er kveld og John sitter i en kafeteria med noen nye venner. De har hatt en fin dag. Tidlig om morgenen kjørte de til Saltstraumen. Der stod de på den store, fine broen og så på vannmassene som strømmet under dem. Så kjørte de opp i fjellene hvor de gikk en lang tur. De hadde matpakke og termos med kaffe. Før de dro tilbake til Bodø, tok de en biltur et stykke sørover på den nye kyst-riksveien.

John   Norge er et vakkert land! Og naturen i Nord-Norge er finest av alt.

Astrid   Jeg har bodd her hele mitt liv så jeg tenker kanskje ikke på hvor vakkert det er. En blir så vant til det. Men det var veldig fint å gå i fjellet i dag. Fargene er spesielle om høsten.

Håkon   Jeg synes Saltstraumen er så fantastisk. Det er verdens sterkeste tidevannsstrøm. Tenk på alt det vannet som fosser frem og tilbake hver dag! Det er mye fisk der. Vi må kjøre dit og fiske en dag.

John   Det vil jeg gjerne. Foreldrene mine kommer og besøker meg i oktober. De har aldri vært i Norge. Jeg gleder meg til å vise dem alt dette.

Astrid   Savner du England og familien din? Jeg kan ikke tenke meg å reise fra familien og vennene mine, og de to nydelige hundene våre. Har du hund i England?

John   Nei, søsteren min har en sint katt. Jeg savner nok familien min av og til. Jeg er ikke flink til å skrive brev, dessverre. Mor skriver til meg hver uke. Jeg bruker telefonen. Det blir litt dyrt!

Håkon   Kunne du tenke deg å bo her hele livet?

John   Det vet jeg ikke. Jeg vil gjerne se mer av Norge, og så får vi se.

Astrid   Du har jo en norsk venninne. Tror du at dere vil fortsette å holde sammen?

John   Jeg håper det, men jeg er ikke sikker. Vi er så forskjellige, og det er mye vi begge vil gjøre. Planene våre er nokså forskjellige. Om det blir oss to, vil tiden vise!

Håkon   Dere er unge og har mye tid. Nyt livet! Ingen vet hva som hender i fremtiden!

John Du snakker som om du er veldig gammel!
Håkon Jeg er vel tre-fire år eldre enn deg, og mye klokere! Men fra spøk til alvor: i morgen er det en ny arbeidsdag. Jeg må ha en god natts søvn først.

vannmassene *the masses of water* (en vannmasse)	**ar og til** *now and then*
	holde sammen *stay together*
strømmet *streamed* (å strømme)	**planene** *the plans* (en plan)
stykke *bit* (et)	**nokså** *fairly*
riksveien *the main road/national road* (en)	**fremtid** *future* (en)
	eldre *older*
tidevannsstrøm *tidal current* (en)	**klokere** *wiser* (klok)
fosser *surge/surges* (å fosse)	**spøk** *joke* (en)
frem og tilbake *to and fro*	**alvor** *seriousness* (et)
nydelige *beautiful* (plural)	**søvn** *sleep* (en)

Sant eller usant? 3

(*a*) Astrid tenker alltid på hvor vakkert det er i Nord-Norge.
(*b*) John gleder seg til å vise foreldrene sine den vakre naturen.
(*c*) Håkon er noen år eldre enn John.
(*d*) Astrid har ikke hunder, men en sint katt.

———————— Slik sier vi det ————————

- How to get something to drink:

  Hvor er Vinmonopolet?   *Where is the wine monopoly shop?*
  Hvor er nærmeste Vinmonopol?   *Where is the nearest wine monopoly shop?*

  Hvor meget koster en flaske rødvin?   *How much does a bottle of red wine cost?*
  Hva koster en flaske hvitvin?   *What is the price of a bottle of white wine?*

  Hvor kan jeg kjøpe øl?   *Where can I buy beer?*

- Some useful expressions:

  Jeg trives i Guildford...   *I am happy in / like to be in...*
  Han trives på hytta.   *He enjoys staying at the cabin.*

Tiden vil vise...	*Time will show / time will tell.*
Nyt livet!	*Enjoy life!*
Aldri i livet!	*Not on your life!*
Fra spøk til alvor.	*Let us be serious / 'from joking to seriousness' / joking apart*
Jeg gleder meg til...	*I am looking forward to...*
Jeg ser frem til...	*I am looking forward to...*
Jeg er glad i deg.	*I am fond of you / I love you.*

- And the one we haven't used:

| Jeg elsker deg! | *I love you!* |

Grammatikk

1 Hverandre

The reciprocal pronoun in Norwegian is **hverandre** (each other)

| De elsket hverandre. | *They loved each other.* |
| De skriver til hverandre. | *They write to each other.* |

The pronoun can take the genitive ending **s**:

| De leste hverandres bøker. | *They read each other's books.* |
| De passet hverandres barn. | *They looked after each other's children.* |

2 Prepositions

You have used many of these words in this course already. They are not easy in any language, as they often have more than one meaning.

av *of*

- part of/made of:

| et hus av tre | *a house of wood* |
| en venn av meg | *a friend of mine* |

- cause/reason

| Jeg dør av sult. | *I'm dying of hunger.* |
| Hun ropte av glede. | *She shouted for joy.* |

fra *from*
    fra morgen til kveld   *from morning to evening*
    Han kom fra York.   *He came from York.*

for *for*
    Jeg skal gjøre det for deg.   *I shall do it for you.*
    Hva betalte du for kaffen?   *How much did you pay for the coffee?*

foran *in front of*
    Han sto foran hotellet.   *He stood in front of the hotel.*
    Hun gikk ut foran ham.   *She went out in front of him.*

bak *behind*
    damen bak disken   *the lady behind the counter*
    De satt bak oss.   *They sat behind us.*

etter *after / for*
- after De reiste etter frokost *They went after breakfast.*
    Han gikk etter henne. *He walked after her.*
- for   Jeg ser etter henne. *I am looking for her.*
    Jeg lengter etter våren. *I am longing for the spring.*

med *with / by*
    Vi reiste med fly til Amerika. *We travelled by plane to America.*
    Han betalte med kredittkort. *He paid with a credit card.*

ved *by / near / at*
- by / at John satt ved bordet. *John sat by / at the table.*
    Huset ligger ved sjøen. *The house is by the sea.*
- with the help of
    Han kom dit ved egen hjelp. *He got there by his own effort.*
    Hun kom dit ved å sykle. *She got there by cycling.*

uten *without*
    Jeg kan ikke leve uten deg. *I can't live without you.*
    Hun gikk ut uten klær. *She went out without clothes.*

under *under / beneath / below*
    Trollet var under broen. *The troll was under the bridge.*
    Katten satt under bordet. *The cat sat under the table.*

til *to / till / for*
- to Vi skal reise til Bodø. *We shall go to Bodø.*
    Han kom til oss i går. *He came to us yesterday.*

- *till* Vi skal bli der til fredag. *We shall be there till Friday.*
  Du må vente til jeg kommer. *You must wait till I come.*
- *for* Her er et brev til deg. *Here is a letter for you.*
  Vi skal ha gjester til middag. *We shall have guests for dinner.*

mellom *between*
  Det skal bli mellom oss. *It will be between us.*
  Han satt mellom dem. *He sat between them.*

mot / imot *towards / against / to*
- *towards* Hun kom mot ham. *She came towards him.*
  mot slutten av dagen *towards the end of the day*
- *against*
  Hva er det du har imot meg? *What it is you have against me?*
  Regnet slo mot vinduet. *The rain hit against the window.*
- *to*
  Du må være snill mot hunden. *You must be kind to the dog.*
  Ikke vær slem mot meg! *Don't be nasty to me!*

You usually use **mot** in a physical situation, but there is no special rule about when to use **mot** and when to use **imot.**

gjennom *through*
  De gikk gjennom huset. *They went through the house.*
  Vi ble kjent gjennom kurset. *We got to know each other through the course.*

før *before*
  Jeg så ham før han gikk. *I saw him before he went.*
  Hun lærte norsk før ferien. *She learnt Norwegian before the holiday.*

hos *in one's company / at one's house* (in French = *chez*)
  Min tante bor hos oss. *My aunt lives with us.*
  Det er to katter hos oss. *There are two cats in our house.*

i *in / at / into / for*
- *in* Vi bor i Oslo. *We live in Oslo.*
  Barna leker i hagen. *The children play in the garden.*
- *at* i samme øyeblikk *at that moment*
  I begynnelsen likete hun ham. *At the beginning she liked him.*
- *into* Hunden falt i vannet. *The dog fell into the water.*
  Gutten løp ut i gaten. *The boy ran out into the street.*

- *for* Vi skal være der i tre uker.   *We shall be there for three weeks.*
  De bodde i Norge i seks år.   *They lived in Norway for six years.*

om *about / of / in*
- about   Hun fortalte meg om det.   *She told me about it.*
  Hva synes du om ham?   *What do you think about him?*
- *in*   Jeg går på ski om vinteren.   *I go skiing in the winter.*
  Om morgenen drikker jeg te.   *In the morning I drink tea.*
  Han kommer om ti minutter.   *He will come in ten minutes.*

over *over / across / above / of / more than*
- *over, across, above*
  John gikk over gaten.   *John went across the street.*
  Fuglen fløy over treet.   *The bird flew over the tree.*
- *of*
  et kart over Norge   *a map of Norway*
  en liste over bøkene   *a list of the books*
- *more than*
  Det er over tre dager siden.   *It is more than three days ago.*

på *on / at* (was dealt with in Unit 12)

3   The s-genitive

The genitive is formed by adding **s** to the noun in singular and plural.
There is no apostrophe:

guttens hund	(*the boy's dog*)
guttenes hund	(*the boys' dog*)
Johns bil	(*John's car*)
Bentes bøker	(*Bente's books*)
cn god natts søvn	(*a good night's sleep*)
husets vinduer	(*the windows of the house*)

In Norwegian you use the **s**-genitive for objects as well as for persons.

4   Genitive using prepositions

In formal speech you would often use prepositions:

pikens navn	navnet til piken
farmors hus	huset til farmor

Johns bok	boken til John
byens gater	gatene i byen

Notice that what is 'owned' is in the definite form when you use a preposition.

A compound noun can replace the genitive:

en damesko	(*a lady's shoe*)
en sommerdag	(*a summer's day*)

5 Indefinite pronouns 1: man/en

The indefinite pronouns are **man** and **en** meaning **one**.

Man is used only as a subject in a sentence:

Man vet ikke hva som kan hende.	*One does not know what may happen.*
Man sier at han er gal.	*They say that he is mad (It is said...)*

En can replace **man** as a subject:

En vet aldri.	*One never knows.*
En skal ikke være for sikker.	*One shouldn't be too sure.*

En as an object:

Man vet ikke hvem som liker en.	*One doesn't know who likes one.*
Det gjør en glad.	*It makes one happy.*

Ens *one's* (genitive)

Ens egne bøker.	*One's own books.*
Ens pass og penger.	*One's passport and money.*

6 Indefinite pronouns 2: noen, noe

Noen means *some* or *any* referring to all nouns in the plural:

Min tykke tante vil kjøpe noen flasker vin.	*My fat aunt will buy some bottles of wine.*
Det er ikke noen bøker her.	*There aren't any books here.*

Noen means *any* or even *a* referring to common gender countable nouns in the singular, in questions and negative sentences:

Har du sett noen god film den uken?	*Have you seen any good films this week?*
Jeg har ikke noen genser i den fargen.	*I have not got a sweater in in that colour.*

Noen means *somebody* or *anybody* when not referring to a noun:

Er det noen der?	*Is there anybody there?*
Jeg hører noen gå opp trappen.	*I hear somebody go up the stairs.*

Noe means *some* or *any* referring to uncountable nouns regardless of gender:

Tom har kjøpt noe mat til kattene.	*Tom has bought some food for the cats.*
Er det noe øl her?	*Is there any beer here?*

Noe means *any* or *a* referring to neuter nouns in the singular, in negative questions and sentences:

Jeg kan ikke se bilen noe sted.	*I cannot see the car any place / anywhere.*
Har han ikke noe hjem?	*Hasn't he got a home?*

Noe means *something* or *anything* when not referring to a noun:

John har noe interessant å fortelle oss.	*John has something interesting to tell us.*
Vi kunne ikke gjøre noe mer.	*We could not do any more.*

7 Indefinite pronouns 3: ingen, ingenting

Ingen (*no, nobody, nothing*) is the opposite of **noen**:

Det er ikke noen her.	*There is nobody here. / There is not anybody here.*
Det er ingen her.	*There is nobody here. / There is not anybody here.*

Another word for *nothing* is **ingenting**:

Bente vet ikke noe om dette.	*Bente doesn't know anything about this.*
Bente vet ingenting om dette.	*Bente knows nothing about this.*

Intet is the very formal neuter form of **ingen**:

Han var død så det var intet vi kunne gjøre.	*He was dead, so there was nothing we could do.*
Han var død, så det var ingenting vi kunne gjøre.	*He was dead, so there was nothing we could do.*

—————————— **Øvelser** ——————————

1 Insert prepositions in the gaps. (Look in the grammar section on page 216–219):

(a) Bente er norsk. Hun kommer ___ Norge.
(b) John reiser ___ Bergen ___ ferie (*to, on*).
(c) Han skal bo ___ Bentes foreldre.
(d) De sto ___ hotellet. (*in front of*)
(e) Hunden gikk ___ mannen. (*behind*)
(f) Klokken er ti ___ seks. (*to*)
(g) ___ du reiser til Norge, må du lære norsk!
(h) Vi skal være i Norge ___ ti dager. (*for*)
(i) Dette brevet er ___ deg.
(j) Skal vi gå ___ kino ___ kveld? (*on!*)
(k) Ja, vi kan gå ___ middag. (*after*)

2 Quiz. How much do you remember?

1	en bil	_____	biler	_____		
2	et fly	_____	_____	flyene		
3	en mor	moren	_____	_____		
4	et barn	_____	_____	_____		
5	en lang vei	den	_____	_____	_____	
6	et gult hus	det	_____	_____	_____	
7	Klokken er	5.15	_____			
8	Klokken er	7.25	_____			
9	Klokken er	11.50	_____			

10 Hvor meget er sju og ni? _____
11 Hvor meget er fem og fire? _____
12 Det er mandag i dag. Hvilken dag er det i morgen? _____
13 Hvilken dag var det i går? _____
14 I dag er det sekstende juni. Hvilken dato er det i morgen? _____
15 Hvilken dato var det i går? _____
16 I går spiste John frokost klokken åtte. I dag _____ han frokost klokken sju.
17 Han drakk mange store glass øl. I dag vil han ikke _____ øl.
18 Tom og Trond (*play*) _____ med Lego.
19 John og Erik (*play*) _____ Poker.
20 (*when*) _____ de kom, spiste de middag.
21 (*when*) _____ det regner, er vi inne.
22 Jeg vil gjerne gå _____ kino.

23 Vi skal reise _____ Norge _____ sommer.
24 Han kjørte (*after*) _____ henne.
25 Er det _____ høyre eller _____ venstre?
26 Han liker _____ i Oslo.
27 Bente ringte til vennen (*her*) _____ .
28 Jeg liker katten (*my*) _____ .
29 John bruker de nye skiene (*his*) _____ .
30 Hva heter du?
31 Hvor kommer du fra?
32 Hva gjør du?
33 Hvorfor vil du lære norsk?
34 Hvordan har du det?
35 Hvilken farge liker du best?
36 Hvor vil du helst reise?
37 Den filmen er god, men denne er (*better*) _____ .
38 Arne er (*older*) _____ enn Tom.
39 Tom er den (*youngest*) _____ .
40 Bente's mother (**s**-genitive). (Translate!)
41 The reception of the hotel (**s**-genitive). Translate!
42 The boy's cat (**s**-genitive). Translate!
43 The Norwegian for these words: Grandparents.
44 Car keys
45 Fourteenth
46 Slowly
47 Write in Norwegian: 368.
48 Wednesday 17 May
49 The time is 25 past three.
50 Forstår du alt?

———— Hva du trenger å vite ————

Wine and spirits are very expensive in Norway, and can only be purchased from the special state monopoly shops. These are called **Vinmonopolet**. They can be found in most towns of a certain size, but there are not many of them about.

Each local authority will decide if they want a wine outlet in their town or not, for whatever reason. This can result in a situation where you may have to travel for miles if you are in need of a bottle of wine. On the west coast, apart from in the big cities, it can be difficult to find a Vinmonopol.

The big hotels will sell wine with meals all over Norway – at a price! Beer and lager can be obtained from supermarkets.

Vinmonopolet sells its own brand of red wine and white wine, selected abroad, imported and then bottled in Norway. These are often referred to as

almindelig rødvin	(*ordinary red wine*)
almindelig hvitvin	(*ordinary white wine*)

These are good wines and fairly reasonably priced.

 ———————— **Forstår du?** ————————

You and your partner have arrived in a small town on the south coast of Norway. You need some information, and you go to the tourist information centre. A smiling lady greets you:

Damen   God dag. Kan jeg hjelpe dere?

Du   *Yes please. Is there a good hotel in this town? It must not be too expensive.*

Damen   Det beste hotellet er Strandhotellet. Det ligger der nede ved sjøen. Det er dyrt, men rommene er store med balkonger og utsikt over sjøen. Det er også et lite hotell i Storgaten. Det heter Grand Hotel og er et meget gammelt. Det er en pen

	gammel trebygning og det er et hyggelig hotell. Byens beste restaurant er der. Vi har også et lite pensjonat. Det er billig og bra.
Du	*What can we do here in this town? We would like to be here for five days.*
Damen	Det er fint å bade i sjøen. Vannet er varmt nå fordi vi har hatt fint, varmt vær i sommer. Det er et lite museum i den gaten der borte. Vi kan bestille en motorbåt for dere. Dere kan dra ut til holmene og fiske og svømme. Hvis været er dårlig, kan dere bruke svømmehallen ved hotellet. I kveld er det en pop-konsert og på søndag er det kirke-konsert.
Du	*I would like to buy some postcards and stamps and a bottle of wine.*
Damen	Vi har kort og frimerker her. Kortene er alle fra dette stedet. Dere må gå til Vinmonopolet for å kjøpe vin. Vinmonopolet ligger nederst i Parkveien. Det lukker klokken fire, så dere må skynde dere! Klokken er kvart på fire nå.
Du	*Then we shall go to Vinmonopolet first, and come back here afterwards.*
Damen	Vi lukker klokken halv seks. Jeg skal finne noen brosjyrer til dere. På gjensyn!

pensjonat *gueshouse* (et)	**skynde dere** *hurry* (å skynde seg)
nederst i *at the bottom of*	

Kjære student,

Nå er du kommet til slutten av boken. Gratulerer! Jeg håper du har likt kurset. Det er mange nye ord, og du husker kanskje ikke alle! Det er ikke dumt å lese boken en gang til.

Jeg håper at du gjerne vil lære mer norsk, og at du ikke glemmer det du har lært! Jeg har likt å arbeide med denne boken. Hvis det er noe mer du synes at jeg skulle ha tatt med, vil jeg gjerne høre fra deg!

Ha det!

Margaretha Danbolt Simons

KEY TO THE EXERCISES

Unit 1

True or false? 1 (*a*) F, (*b*) T, (*c*) T.
2 (*a*) T, (*b*) F, (*c*) F. 3 (*a*) F, (*b*) T,
(*c*) F.
Øvelser 1 (*a*) Jeg heter..., (*b*) Jeg
kommer fra..., (*c*) Bare bra, takk, (*d*)
Nei, jeg er ikke norsk, (*e*) Jeg bor i ....
2 (*a*) Hei, (*b*) Adjø, (*c*) God dag, (*d*)
God natt, (*e*) Ha det! 3 (*a*) Nei, John
er ikke norsk. (*b*) Nei, jeg vil ikke ha en
kopp kaffe. (*c*) Nei, Bente kommer ikke
fra York. (*d*) Nei, jeg bor ikke i Wales.
(*e*) Nei, Bente har ikke bil. 4 (*a*) Er
John norsk? (*b*) Kommer han fra York?
(*c*) Bor du i London? (*d*) Har hun bil?
(*e*) Lærer Bente engelsk? 5 (*a*) Hva
heter han? (*b*) Hvor bor du? (*c*)
Hvordan har du det? (*d*) Hvor kommer
han fra? (*e*) Hva studerer han? 6 (*a*)
reiser, (*b*) bor, (*c*) har, (*d*) har, (*e*)
kommer. 7 **Wordsearch**: fly, reise,
norsk, bil, ferie, motorsykkel, tog.
Forstår du? 1 Hei! Er du norsk?
2 Nei, jeg er engelsk. Jeg lærer norsk.
3 (*Name*) Hva heter du? 4 Jeg
kommer fra ... Og du? 5 Er du
student? 6 Jeg skal reise til Norge i
sommer. 7 Nei, jeg har
motorsykkel.

Unit 2

True or false? 1 (*a*) T, (*b*) F, (*c*) F,
(*d*) T. 2 (*a*) F, (*b*) T, (*c*) F, (*d*) T.
3 (*a*) F, (*b*) T, (*c*) T, (*d*) T.
Øvelser 1 (*a*) på mandag, (*b*) til
Bergen, (*c*) norsk, (*d*) en kopp kaffe.

2 (*a*) skolen, (*b*) studenten, (*c*)
hotellet, (*d*) damen, (*e*) fergen, (*f*)
kartet, (*g*) veien, (*h*) passet. 3 (*a*)
reise, (*b*) ha, (*c*) ha, (*d*) lære, (*e*) kjøre,
(*f*) bestille. 4 (*a*) en student, (*b*) en
direktør, (*c*) en dame, (*d*) et hotell, (*e*)
en lærer, (*f*) en kveld, (*g*) et glass, (*f*) en
kopp. 5 (*a*) stort, (*b*) gammelt, (*c*)
kjedelig, (*d*) engelsk. 6 (*a*) tirsdag,
(*b*) fredag, (*c*) fem, (*d*) ti, (*e*) ni, (*f*) ti.
7 (*a*) en, (*b*) fem, (*c*) ett.
8 **Wordsearch**: møter, jeg, med,
kjedelig, de, han, hun, stor, og, lærer,
dame. **Forstår du?** 1 Hei! Er du
norsk? 2 Nei, jeg er engelsk. Jeg
lærer norsk. 3 Ja, jeg går på norsk-
kurs, men det er kjedelig! 4 Fordi
læreren er en kjedelig, gammel dame.
5 (*Name*) Og du? 6 Hei, Kari!
Hyggelig å treffe deg. Vil du ha en kopp
kaffe? 7 Hyggelig å treffe deg. Ha
det!

Unit 3

True or false? 1 (*a*) F, (*b*) F, (*c*) T,
(*d*) T. 2 (*a*) T, (*b*) F, (*c*) T, (*d*) T.
3 (*a*) T, (*b*) F, (*c*) F, (*d*) F.
Øvelser 1 (*a*) en kopp, koppen,
kopper, (*b*) et glass, glasset, glass, (*c*)
en ferge, fergen, ferger, (*d*) et bord,
bordet, bord, (*e*) en time, timen, timer,
(*f*) en middag, middagen, middager.
2 (*a*) en tørst student, den tørste
studenten, tørste studenter, (*b*) en
sulten dame, den sultne damen, sultne
damer, (*c*) et norsk pass, det norske

passet, norske pass, (d) et engelsk
sertifikat, det engelske sertifikatet,
engelske sertifikater, (e) en liten bil,
den lille bilen, små biler, (f) et lite
glass, det lille glasset, små glass.
3 skal/ vil/kan/må (a) spise, (b) lære,
(c) reise, (d) kjøre. **4** (a) S, (b) Q, (c)
Q, (d) S, (e) Q, (f) Q. **5** (a) Bente
kommer ikke fra Bergen. (b) Fergen
har ikke mange passasjerer. (c)
Studenten lærer ikke engelsk. (d) Kari
er ikke sulten. (e) Hun spiser ikke en
god middag. **6 Wordsearch:** reker,
kaffe, salat, øl, marmelade, kjøtt, fisk,
brød, sild, rødvin. **Forstår du?**
1 Hvor skal du reise? **2** Er du
norsk? **3** Hvor er Trondheim?
4 Jeg skal også reise til Norge. Jeg
skal være i Oslo fra tirsdag til lørdag.
5 Jeg skal reise over fjellet til Bergen.
Neste onsdag skal jeg reise til
Amerika. **6** Og du?

Unit 4

True or false? **1** (a) F, (b) F, (c) F,
(d) T. **2** (a) T, (b) F, (c) T, (d) F.
3 (a) T, (b) F, (c) T, (d) T.
Øvelser 1 (a) bussen, busser,
bussene, (b) trikken, trikker, trikkene,
(c) flyet, fly, flyene, (d) toget, tog,
togene, (e) lastebilen, lastebiler,
lastebilene, (f) fergen, ferger, fergene.
2 (a) den store bussen, store busser,
de store bussene, (b) den gule trikken,
gule trikker, de gule trikkene, (c) det
store flyet, store fly, de store flyene, (d)
det fine toget, fine tog, de fine togene,
(e) den grønne lastebilen, grønne
lastebiler, de grønne lastebilene, (f) den
gode fergen, gode ferger, de gode
fergene. **3** (a) damen, damene, (b)
en student, studentene, (c) skolen,
skoler, skolene, (d) et hus, huset, hus,
(e) kurset, kurs, kursene, (f) en kopp,
koppen, koppene, (g) en flaske, flasker,
flaskene. **4** (a) Det er et stort hus
som ligger i en grønn park. (b) De tar

trikken som går til Frognerparken. (c)
Solen skinner på sjøen som er blå. (d)
Bente spiser mange reker som er gode.
5 (a) Nå kommer vi til
Frognerparken. (b) Nå skal vi spise
reker. (c) Nå går John og Bente til Aker
Brygge. (d) Til venstre kan du se den
britiske ambassaden. (e) Til venstre ser
vi Slottet. (f) Til venstre ser John en
restaurant. **6** (a) hit / dit, (b) her /
der, (c) her / der, (d) hit / dit. **7** (a)
stor, (b) store, (c) store, stor, (d) store,
store. (You can of course use other
adjectives!) **8** (a) Akershus er til
høyre for Rådhuset. (b) Frognerparken
er på venstre side av kartet. (c) Nei,
Slottet er i en stor park. **Forstår du?**
1 Er dette Slottet? **2** Det er en fin
bygning. Er kongen her nå? **3** Jeg
kommer fra ... **4** Ja, jeg liker den
norske maten. Hva heter den lange
gaten der? **5** Jeg vil gjerne gå til
Frognerparken. **6** Takk. Jeg synes
at Oslo er en pen/vakker by. **7** Ja,
jeg har et godt kart. Her er det.
8 Takk. Nå går jeg. Adjø.

Unit 5

True or false? **1** (a) F, (b) F, (c) F,
(d) F. **2** (a) T, (b) F, (c) T, (d) F.
3 (a) F, (b) F, (c) F, (d) T.
Øvelser 1 (a) den, (b) den, (c) dette,
(d) de, (e) de, (f) dette. **2** (a) kjør!, (b)
sitt! (c) gå! (d) kjøp! **3** (a) ferien,
feriene, (b) en by, byene, (c) veien,
veier, (d) et hotell, hotellet, hotellene,
(e) en park, parker, parkene, (f) kortet,
kort, kortene, (g) et frimerke,
frimerker, frimerkene. **4** (a) stor, (b)
kjedelige, (c) gamle, (d) blå, (e) norske,
(f) grønne, (g) pene. **6** *Bente is in a*
bad mood. The weather is bad. It is not
fine (good) weather. It is not sunshine.
It rains. John is in Oslo alone. He is in
a good mood. He buys many pretty
cards and some stamps. Then he goes to
the tourist information and to a bank.

He has no money, and he would like to change some travellers' cheques. **Forstår du?** 1 Jeg vet ikke. Jeg kommer fra England. 2 Jeg har et kart. Vi kan se på det. 3 (*Name*) 4 Ja, jeg studerer i England. Er du student? 5 Nei, jeg skal reise til Bergen på mandag. 6 Nei, jeg skal reise med fly. 7 Hvor langt er det til Bodø? 8 Jeg vil gå med deg. 9 Jeg vil gjerne ha en kopp kaffe, men jeg vil heller snakke norsk! 10 Ja, men jeg vil heller reise til Amerika!

Unit 6

True or false? 1 (*a*) F, (*b*) F, (*c*) T, (*d*) F. 2 (*a*) T, (*b*) T, (*c*) F, (*d*) F. 3 (*a*) F, (*b*) F, (*c*) F, (*d*) T. **Øvelser** 1 (*a*) reiste, (*b*) spiste, (*c*) drakk, (*d*) hadde, (*e*) gikk. 2 (*a*) hjemme, (*b*) der, (*c*) inn, (*d*) ute, (*e*) hjem. 3 (*a*) Liker John øl? (*b*) Kommer han fra York? (*c*) Vil Bente reise til Bergen? (*d*) Heter Bentes bror Tom? 4 (*a*) Jo, jeg liker kaffe. (*b*) Ja, jeg vil komme med deg til Bodø. (*c*) Jo, han vil ringe til Bente. (*d*) Jo, han heter Per. 5 (*a*) blå, blå, blå, (*b*) store, store, store, (*c*) lange, lange, lange, (*d*) fine, fine, fine. 6 (*a*) 16, (*b*) 25, (*c*) 59, (*d*) 74, (*e*) 202. 7 (*a*) sju, (*b*) sytten, (*c*) atten, (d) åtti, (*c*) sekshundreogtrettito. 8 (*a*) fire pluss / og fem er ni, (*b*) femten minus sju er åtte, (*c*) tre ganger seks er atten, (*d*) tjueåtte dividert med sju er fire, (*e*) tolv pluss / og to er fjorten. **Forstår du?** 1 Jeg heter ... Jeg vil gjerne bestille time. 2 Nei, jeg kommer fra England. Jeg er på ferie her. 3 Kan jeg komme litt senere? Jeg kommer tilbake fra Hamar den dagen. 4 Det er fint/bra. Dere er i Storgaten. Hvordan kommer jeg dit fra Oslo S? 5 Takk. Jeg skal være der på fredag. 6 Adjø.

Unit 7

True or false? 1 (*a*) F, (*b*) F, (*c*) F, (*d*) F. 2 (*a*) F, (*b*) F, (*c*) T, (*d*) T. 3 (*a*) T, (*b*) F, (*c*) F, (*d*) F. **Øvelser** 1 (*a*) søsteren, søstre, søstrene, (*b*) en far, fedre, fedrene, (*c*) et barn, barnet, barn, (*d*) en mann, mannen, mennene, (*e*) læreren, lærere, lærerne. 2 (*a*) den gode vennen, gode venner, de gode vennene, (*b*) det store huset, store hus, de store husene, (*c*) det lille barnet, små barn, de små barna, (*d*) den kjedelige filmen, kjedelige filmer, de kjedelige filmene. 3 (*a*) min, (*b*) hennes, (*c*) min, (*d*) sin, (*e*) hennes. 4 (*a*) farfar, (*b*) nieser, (*c*) svoger, (*d*) foreldre, (*e*) sønnen / broren. **Forstår du?** 1 Ja, jeg liker å være alene. 2 Hva heter du? 3 Andrew er ikke et norsk navn. 4 Og din søster, har hun et amerikansk og et fransk navn også? 5 Er ikke din far her? 6 Hvorfor er du ikke med ham?

Unit 8

True or false? 1 (*a*) F, (*b*) F, (*c*) F, (*d*) F. 2 (*a*) T, (*b*) T, (*c*) T, (*d*) T. 3 (*a*) F, (*b*) T, (*c*) F, (*d*) F. **Øvelser** 1 (*a*) spiste, (*b*) drakk, (*c*) reiste, (*d*) tok. 2 (*a*) bodd, (*b*) trodd, (*c*) stoppet, (*d*) brukket. 3 hode. øyne, ører, nese, munn. armer, ben. fingre, tær. hodet, magen. 4 (*a*) brune, (*b*) blå, (*c*) stort, (*d*) rødt, stor. 5 (*a*) sitt, (*b*) sine, (*c*) hans, (*d*) hans. 6 våkner, er, har, sier, vil, har, er, er, kommer, ser, har, smiler, sier, er, kommer. 7 *John woke (up) in a hospital bed. He was at Haukeland Hospital. He had pains everywhere. The doctor said that he would get some scars on his face. He had many stitches in his head and on his arms and legs, but he was lucky not to have been killed. Bente came to the hospital. She*

saw that John had many sores on his face. The nurse smiled at John and then Bente said it was best if John came home soon. **Forstår du?**
1 (*Name*) **2** Jeg har vondt i magen!
3 Ja, og jeg har kastet opp mange ganger. **4** Jeg har vondt i hele mangen. Au! **5** Vi gikk til en restaurant og hadde reker og majones og hvitvin, så kjøttkaker i brun saus med poteter og salat og rødvin. Etterpå hadde vi is. Så gikk vi i gatene og hadde to varme pølser med sennep, og senere hadde vi noen øl i en pub. Vi hadde en varm pølse til og pommes frites.

Unit 9

True or false? **1** (*a*) T, (*b*) F, (*c*) F, (*d*) F. **2** (*a*) F, (*b*) F, (*c*) F, (*d*) F.
3 (*a*) F, (*b*) F, (*c*) T, (*d*) F.
Øvelser **1** (*a*) grønne, grønne, grønne; (*b*) blått, blå, blå; (*c*) stripet, stripete, stripete; (*d*) pen, pene, pene.
2 (*a*) fælere, fælest; (*b*) finere, finest; (*c*) smartere, smartest; (*d*) blekere, blekest. **3** (*a*) større, (*b*) mindre, (*c*) minst, (*d*) størst. **4** (*a*) brødre; (*b*) en far, fedrene; (*c*) en søster, søsteren, søstrene; (*d*) moren, mødre, mødrene; (*e*) en mann, menn, mennene. **5** (*a*) Dem, (*b*) De, (*c*) Dem, (*d*) Deres.
6 (*a*) synes, (*b*) tror, (*c*) tror, (*d*) synes.
Forstår du? **1** Ja, jeg vil gjerne se på de norske genserne. **2** Jeg liker de dyreste best. Men jeg synes at de er for dyre. Jeg vil gjerne prøve den svarte og hvite. **3** Er det min størrelse? Jeg har spist for mye her i Norge!

Unit 10

True or false? **1** (*a*) F, (*b*) T, (*c*) T, (*d*) F. **2** (*a*) F, (*b*) F, (*c*) F, (*d*) F.
3 (*a*) T, (*b*) T, (*c*) T, (*d*) T.
Øvelser **1** (*a*) til, (*b*) på, (*c*) til, (*d*) over, (*e*) i. **2** (*a*) i dag, (*b*) i går, (*c*) i morges, (*d*) om morgenen, (*e*) på.

3 (*a*) fjerde, (*b*) sekstende, (*c*) tjuesjette, (*d*) første, (*e*) niende.
4 (*a*) fem, (*b*) tolv, (*c*) fjorten, (*d*) førtisju, (*e*) sekstini. **5** (*a*) Gratulerer med dagen, (*b*) Velkommen (til oss), (*c*) Vil du ha litt mer?, (*d*) Nei takk, jeg er forsynt, (*e*) Takk for maten.
6 (*a*) den sinte naboen, (*b*) det spesielle selskapet, (*c*) den koselige kvelden, (*d*) den deilige bløtkaken, (*e*) det store smilet. **7** (*a*) en god venn, (*b*) en kjedelig gjest, (*c*) en stor kake, (*d*) en snill søster, (*e*) en dårlig bror.
8 (*a*) setter, (*b*) satt, (*c*) ligger, (*d*) lå, (*e*) sitter. **9** (*a*) smiler, har smilt, (*b*) tenker, tenkte, (*c*) å kaste, kastet, (*d*) drikker, drakk, har drukket, (*e*) ser, har sett. **Forstår du?** **1** Jeg håper du kan finne hvor vennene dine bor! Du kjente ikke Oslo godt i juli!
2 Martin spurte meg om å komme. Jeg håper det er i orden. **3** Takk for meg!

Unit 11

True or false? **1** (*a*) F, (*b*) T, (*c*) F, (*d*) F. **2** (*a*) F, (*b*) T, (*c*) T, (*d*) F.
3 (*a*) F, (*b*) F, (*c*) T, (*d*) F.
Øvelser **1** (*a*) 6.10, (*b*) 10.15, (*c*) 10.55, (*d*) 7.30, (*e*) 1.40. **2** (*a*) fem over tre, (*b*) halv fem, (*c*) kvart på sju, (*d*) ti på åtte, (*e*) fem på halv ti.
3 (*a*) *23rd April*, (*b*) *7th January*, (*c*) *10th October*, (*d*) *11th May*, (*e*) *18th August*. **4** (*a*) femte februar, (*b*) tolvte mars, (*c*) fjortende juni, (*d*) sekstende juli, (*e*) tjuesjette September.
5 (*a*) Gratulerer med dagen, (*b*) God Jul, farmor, (*c*) Godt Nyttår, (*d*) Takk for maten, (*e*) Takk, det samme / takk i like måte. **6** (*a*) legger, (*b*) sitter/setter seg (*c*) legger seg, (*d*) sitter/setter seg (*e*) legger meg.
7 (*a*) satt, (*b*) la seg, (*c*) satte oss, (*d*) la, (*e*) lå. **Forstår du?** **1** Jo, litt. Men jeg liker å være her i Norge i julen. **2** Ja, men ikke julaften.

Juledag, tjuefemte desember, er vår jul. **3** Jeg liker å feire julaften. Jeg liker den norske maten og tradisjonene. **4** Nei, og jeg vil ikke spise den! Jeg tror ikke at jeg vil like den. **5** Jeg vil gjerne ha en dram, men ikke lutefisk. **6** Julen er fin alle steder, hvis du er sammen med dem du liker. Det var hyggelig å snakke med deg/Dem, men nå må jeg gå. **7** Adjø!

Unit 12

True or false? 1 (*a*) T, (*b*) F, (*c*) F, (*d*) T. **2** (*a*) T, (*b*) T, (*c*) T, (*d*) F. **3** (*a*) T, (*b*) F, (*c*) F. **4** (*a*) F, (*b*) T, (*c*) F.
Øvelser 1 (*a*) ja, (*b*) helt, (*c*) kjedelig, (*d*) liten, (*e*) pen, (*f*) lys, (*g*) regn. **2** (*a*) hjem, (*b*) inne, (*c*) bort, (*d*) dit, (*e*) hit. **3** (*a*) meg, (*b*) seg, (*c*) seg, (*d*) seg. **4** (*a*) mange hilsener fra / hjertelig hilsen, (*b*) klem fra, (*c*) ærbødigst / med hilsen, (*d*) kjærlig hilsen / klem fra/kyss fra. **5** (*a*) drikker, (*b*) stopper, (*c*) bor, (*d*) ligger, (*e*) smiler. **6** (*a*) god, (*b*) rødt, (*c*) lille, (*d*) stygge, (*e*) blå, (*f*) vonde.
Forstår du? Tjueto – sekstifire – trettifem – nittiåtte
1 Kan jeg få snakke med Bente? **2** Nei, jeg er ikke John. Jeg heter .... Jeg er en av Bentes venner fra Amerika. **3** Hei, Nina! Bente sa at jeg kunne værer en uke eller to. Er det i orden? **4** Hvorfor det? **5** Hvem er John? **6** Jeg gleder meg til å treffe deg, Nina. Ha det!

Unit 13

True or false? 1 (*a*) F, (*b*) T, (*c*) F, (*d*) T. **2** (*a*) F, (*b*) F, (*c*) T, (*d*) T. **3** (*a*) T, (*b*) F, (*c*) F, (*d*) F.
Øvelser 1 (*a*) Det er sol, men / og det er kaldt. (*b*) Den ene stolen er blå, og / men den andre stolen er rød. (*c*) De ringte på døren, men han var ikke

hjemme. **2** (*a*) Nå er Kari på ferie. (*b*) Her kan vi gå på ski. (*c*) Der kommer Hilde og Erik. (*d*) Nå vil jeg gjerne ha en kopp kaffe. (*e*) Snart skal hun studere i London. **3** (*a*) hadde invitert, (*b*) hadde snødd, (*c*) hadde vært, (*d*) hadde hatt. **4** (*a*) Erik bruker piggdekk bare om vinteren. (*b*) Det er ikke elektrisitet i hytten, så de bruker parafinlamper. (*c*) Om vinteren smelter de snø for å få vann. (*d*) Toalettet er utenfor. **5** (*a*) har, (*b*) går, (*c*) kjører, (*d*) står. **6** (*a*) lite, ikke; (*b*) meget; (*c*) etterpå; (*d*) veldig. **7** (*a*) Bøy! (*b*) Kjør! (*c*) Sitt! (*d*) vær!
Forstår du? 1 Jeg liker det! Jeg er med noen venner i en hytte. Den er litt primitiv. Doen er utenfor og det er ikke bad. **2** Jeg liker å gå på ski. Jeg liker slalom best. I begynnelsen var jeg redd, men nå kjører jeg fort ned bakken. Jeg faller ikke ofte. **3** Vil dere ha en kopp sjokolade på hotellet når vi kommer ned? Jeg vil gjerne høre mer om norske hytter.

Unit 14

True or false? 1 (*a*) T, (*b*) T, (*c*) F, (*d*) T. **2** (*a*) T, (*b*) F, (*c*) T, (*d*) T. **3** (*a*) T, (*b*) F, (*c*) F, (*d*) T.
Øvelser 1 (*a*) da, (*b*) når, (*c*) når, (*d*) når, (*e*) da. **2** (*a*) gå, (*b*) reise, (*c*) går, (*d*) gå, (*e*) reise. **3** (*a*) skal kjøpe, (*b*) skal reise, (*c*) vil sende, (*d*) vil spise, (*e*) vil drikke. **4** (*a*) nitten, (*b*) tretti, (*c*) tjueseks, (*d*) tretti, (*e*) trettifire. **5** (*a*) den store gutten, store gutter, de store guttene; (*b*) det gule bordet, gule bord, de gule bordene; (*c*) det lange toget, lange tog, de lange togene; (*d*) den gode klemmen, gode klemmer, de gode klemmene; (*e*) den sinte damen, sinte damer, de sinte damene. **6** (*a*) den dårlige faren, dårlige fedre, de dårlige fedrene; (*b*) den lille søsteren, små søstre, de små søstrene; (*c*) den tykke mannen, tykke

menn, de tykke mennene; (d) det snille
barnet, snille barn, de snille barna.
7 (a) jeg er lei meg; (b) unnskyld! / om
forlatelse!; (c) ikke vær sint på meg!;
(d) unnskyld, (e) kan du tilgi meg? / om
forlatelse. **8** (a) ofte, (b) fortere, (c)
styggere, styggest, (d) heller, (e) bedre.
Forstår du? **1** Det har vært en
veldig god dag. Jeg er så trett! Bena
mine er veldig trette. Vi må ha gått
mange kilometer. **2** Har du hørt fra
Knut? **3** Vil du gjerne se Knut
igjen? **4** Du treffer snart en
hyggelig ung mann. Skål for deg, Silje,
og Skål for Norge!

Unit 15

True or false? **1** (a) F, (b) T, (c) F,
(d) F. **2** (a) F, (b) T, (c) F, (d) T.
3 (a) T, (b) T, (c) T, (d) F.
Øvelser **1** (a) et, (b) en, (c) et, (d)
en. **2** (a) Bussen blir kjørt av John.
(b) Kari blir likt av Per. (c) Genseren
blir kjøpt av Bente. (d) Frokosten ble
spist av mannen. (e) Brevet ble lest av
Hilde. **3** (a) stoppet, (b) arbeidet, (c)
ventet, (d) ryddet, (e) bråket. **4** (a)
reiste,
(b) kjørte, (c) spiste, (d) hørte, (e) likte.
5 (a) hvilken, (b) hvilket, (c) hvilke,
(d) hvilket, (e) hvilken. **6** (a) Hva
heter han? (b) Hvor kommer de fra? (c)
Hvordan har hun det? (d) Hvem er det
som sitter der? (e) Hvorfor smiler hun?
7 (a) Jeg vil gjerne bestille et rom for
to personer. (b) Er frokost inkludert?
(c) Er det svømmehall her? (d) Kan jeg
få regningen? (e) Jeg vil gjerne snakke
med direktøren. **Forstår du?** **1** Jeg
vil gjerne bestille et rom for i morgen
natt, for en natt. **2** Jeg vil gjerne ha
et dobbelt rom med bad. **3** Jeg tar
rommet med utsikt over sjøen. Kan jeg
ta med hunden min? **4** Vi
ankommer klokken ni og vi vil gjerne
ha middag. **5** Fint. Vi kommer i
morgen.

Unit 16

True or false? **1** (a) T, (b) F, (c) F,
(d) F. **2** (a) F, (b) F, (c) F, (d) T.
3 (a) F, (b) T, (c) T, (d) F.
Øvelser **1** (a) fra; (b) til, på; (c) hos;
(d) foran; (e) bak; (f) på; (g) før; (h) i; (i)
til; (j) på, i; (k) etter.
Quiz **1** bilen, bilene; **2** flyet, fly;
3 mødre, mødrene; **4** barnet, barn,
barna; **5** den lange veien, lange
veier, de lange veiene; **6** det gule
huset, gule hus, de gule husene; **7**
kvart over fem; **8** fem på halv åtte;
9 ti på tolv; **10** seksten; **11** ni;
12 tirsdag; **13** søndag; **14**
syttende juni; **15** femtende juni;
16 spiser; **17** drikke; **18** leker;
19 spiller; **20** Da; **21** Når;
22 på; **23** til, i **24** etter;
25 til, til; **26** seg; **27** sin; **28**
min; **29** sine; **30** Jeg heter ...
31 Jeg kommer fra ...; **32** Jeg er
...; **33** Jeg vil gjerne lære norsk
fordi ...; **34** Takk, bare bra; **35** ?,
36 Jeg vil gjerne / helst reise til ...;
37 bedre; **38** eldre; **39** yngste;
40 Bentes mor; **41** hotellets
resepsjon; **42** guttens katt;
43 besteforeldre; **44** bilnøkler;
45 fjortende; **46** sakte;
47 trehundreogsekstiåtte; **48**
onsdag syttende mai; **49** klokken er
fem på halv fire; **50** ?
Forstår du? **1** Ja takk. Er det et
godt hotell i denne byen? Det må ikke
være for dyrt. **2** Hva kan vi gjøre i
denne byen? Vi vil gjerne være her i
fem dager. **3** Jeg vil gjerne kjøpe
noen kort og frimerker og en flaske vin.
4 Da skal vi gå til Vinmonopolet først
og komme tilbake hit etterpå.

GRAMMAR

Irregular Nouns

barn	barnet	barn	barna	(et)	(*child*)
begynner	begynneren	begynnere	begynnerne	(en)	(*beginner*)
ben	benet	ben	bena	(et)	(*leg/bone*)
		besteforeldre	besteforeldrene		(*grandparents*)
bok	boken	bøker	bøkene	(en)	(*book*)
bror	broren	brødre	brødrene	(en)	(*brother*)
engel	engelen	engler	englene	(en)	(*angel*)
far	faren	fedre	fedrene	(en)	(*father*)
farfar	farfaren	farfedre	farfedrene	(en)	(*father's father*)
farmor	farmoren	farmødre	farmødrene	(en)	(*father's mother*)
finger	fingeren	fingre	fingrene	(en)	(*finger*)
fot	foten	føtter	føttene	(en)	(*foot*)
genser	genseren	gensere	genserne	(en)	(*sweater*)
hybel	hybelen	hybler	hyblene	(en)	(*bedsit*)
juletre	juletreet	juletrær	juletrærne	(et)	(*Christmas tree*)
kafe	kafeen	kafeer	kafeene	(en)	(*café*)
kne	kneet	knær	knærne	(et)	(*knee*)
lærer	læreren	lærere	lærerne	(en)	(*teacher*)
mann	mannen	menn	mennene	(en)	(*man*)
mor	moren/mora	mødre	mødrene	(en/ei)	(*mother*)

morfar	morfaren	morfedre	morfedrene	(en)	(mother's father)
mormor	mormoren/ mormora	mormødre	mormødrene	(en/ei)	(mother's mother)
museum	museet	museer	museene	(et)	(museum)
natt	natten	netter	nettene	(en)	(night)
rom	rommet	rom	rommene	(et)	(room)
seddel	seddelen	sedler	sedlene	(en)	(note, banknote)
ski	skien	ski	skiene	(en)	(ski)
sko	skoen	sko	skoene	(en)	(shoe)
skulder	skulderen	skuldre	skuldrene	(en)	(shoulder)
sommer	sommeren	somre	somrene	(en)	(summer)
studium	studiet	studier	studiene	(et)	(university course)
støvel	støvelen	støvler	støvlene	(en)	(boot)
svoger	svogeren	svogre	svogrene	(en)	(brother-in-law)
sykkel	sykkelen	sykler	syklene	(en)	(bike)
søster	søsteren/ søstera	søstre	søstrene	(en/ei)	(sister)
tre	treet	trær	trærne	(et)	(tree)
tå	tåen	tær	tærne	(en)	(toe)
vinter	vinteren	vintre	vintrene	(en)	(winter)
øye	øyet	øyne	øynene	(et)	(eye)

Irregular verbs

Infinitive	Present	Past	Past participle	
bli	blir	ble	blitt	(become)
brekke	brekker	brakk	brukket	(break)
brenne	brenner	brant	brent	(burn)
delta	deltar	deltok	deltatt	(take part in)
dra	drar	drog	dradd	(go, travel)
drikke	drikker	drakk	drukket	(drink)
falle	faller	falt	falt	(fall)
fare	farer	for	fart	(travel)
finne	finner	fant	funnet	(find)
finnes	finnes	fantes	funnes	(be found)

fly	flyr	fløy	fløyet	(fly, rush)
foreslå	foreslår	foreslo	foreslått	(suggest)
forstå	forstår	forstod	forstått	(understand)
fortelle	forteller	fortalte	fortalt	(tell)
fortsette	fortsetter	fortsatte	fortsatt	(continue)
fryse	fryser	frøs	frosset	(freeze)
føles	føles	føltes	føltes	(feels)
følge	følger	fulgte	fulgt	(follow)
få	får	fikk	fått	(get, receive)
gi	gir	ga	gitt	(give)
gjøre	gjør	gjorde	gjort	(do)
gli	glir	gled	glidd	(slide, slip)
gå	går	gikk	gått	(go, travel)
ha	har	hadde	hatt	(have)
hete	heter	het	hett	(be called, named)
hjelpe	hjelper	hjalp	hjulpet	(help)
holde	holder	holdt	holdt	(hold)
komme	kommer	kom	kommet	(come)
le	ler	lo	ledd	(laugh)
legge	legger	la	lagt	(lay, put)
ligge	ligger	lå	ligget	(lie)
løpe	løper	løp	løpt	(run)
møte	møter	møtte	møtt	(meet)
nyse	nyser	nøs	nyst	(sneeze)
nyte	nyter	nøt	nytt	(enjoy)
se	ser	så	sett	(see)
selge	selger	solgte	solgt	(sell)
sette	setter	satte	satt	(set, put)
si	sier	sa	sagt	(say)
skilles	skilles	skiltes	skilt	(separate)
skrike	skriker	skrek	skreket	(cry, scream)
skrive	skriver	skrev	skrevet	(write)
slå	slår	slo	slått	(hit, tap)
sove	sover	sov	sovet	(sleep)
spørre	spør	spurte	spurt	(ask)
stå	står	sto	stått	(stand)
synes	synes	syntes	synes	(think, be of the opinion)
synge	synger	sang	sunget	(sing)

ta	tar	tok	tatt	(*take*)
tilby	tilbyr	tilbød	tilbudt	(*offer*)
tilgi	tilgir	tilga	tilgitt	(*forgive*)
treffe	treffer	traff	truffet	(*meet*)
trives	trives	trivdes	trives	(*thrive, flourish*)
vite	vet	visste	visst	(*know*)
være	er	var	vært	(*be*)
ødelegge	ødelegger	ødela	ødelagt	(*spoil, break*)

Modal verbs

Infinitive	Present	Past	Perfect	
burde	bør	burde	burdet	(*ought to*)
kunne	kan	kunne	kunnet	(*can*)
måtte	må	måtte	måttet	(*must, have to*)
skulle	skal	skulle	skullet	(*shall*)
tore	tør	torde	tort	(*dare*)
ville	vil	ville	villet	(*will*)

Modal verbs in Norwegian are conjugated in the same way as other verbs.

VOCABULARY

n   noun
(en) (en/ei) (et)   gender
v   verb
(s)   strong/irregular verb
(1) (2) (3) (4)   weak verb group
a   adjective
adv   adverb
pre   preposition
p   pronoun
c   conjunction
pl   plural

The unit in which the word is first used is indicated by a number.

adresse   n (en) **6**   *address*
aftens   n (en) **10**   *supper*
akevitt   n (en) **3**   *aquavit*
akseptere   v (2) **14**   *accept*
aldri   adv **11**   *never*
alene   adv **5**   *alone*
alkohol   n (en) **3**   *alcohol*
alle   p **4**   *all* (pl)
allerede   adv **12**   *already*
allergi   n (en) **9**   *allergy*
allergisk   a **9**   *allergic*
alltid   adv **3**   *always*
alt   p **5**   *everything*
alt   adv **10**   *already*
altfor   adv **5**   *much too*
altså   adv **6**   *consequently*
alvor   n (et) **16**   *seriousness*

alvorsord   n (et) **7**   *telling off*
ambassade   n (en) **4**   *embassy*
ambulanse   n (en) **8**   *ambulance*
Amerika   **3**   *America*
amerikansk   a **4**   *American*
andre   p **6**   *others*
andre   a **5**   *second, other*
angre   v (1) **16**   *regret*
ankomme   v (s) **15**   *arrive*
anlegg   n (et) **10**   *installation*
annonse   n (en) **12**   *advert*
anorakk   n (en) **13**   *anorak*
ansikt   n (et) **8**   *face*
apotek   n (et) **9**   *pharmacy*
april   **10**   *April*
arbeid   n (et) **9**   *work*
arbeide   v (1) **4**   *work*
arbeidsdag   n (en) **10**   *working day*
arm   n (en) **8**   *arm*
arr   n (et) **8**   *scar*
at   **3**   *that*
atten   **5**   *eighteen*
attende   **10**   *eighteenth*
attest   n (en) **12**   *reference*
au   **8**   *ouch*
au pair   n (en) **1**   *au pair*
august   **10**   *August*
av pre   **3**   *of, by*
av og til   **16**   *now and then*
avgang   n (en) **6**   *departure*
avis   n (en) **11**   *newspaper*

bad   n (et) **15**   *bathroom*
bade   v (1) **8**   *bathe, swim*
badstu   n (en) **13**   *sauna*
bak   pre **5**   *behind*
bake   v (2) **10**   *bake*
bakke   n (en) **13**   *slope, hill*
balkong   n (en) **11**   *balcony*
bank   n (en) **5**   *bank*
bankdirektør   n (en) **12**   *bank
manager*
bar   n (en) **3**   *bar*
bare   adv **1**   *only*
barn   n (et) **7**   *child*
barndomshjem   n (et) **10**
childhood home
barnebarn   n (et) **7**   *grandchild*
barnegudstjeneste   n (en) **11**
children's service
barnetog   n (et) **14**   *children's
parade*
bedre   a adv **2**   *better*
befolkning   n (en) **14**
population
begge   p **5**   *both*
begynne   v (2) **9**   *begin, start*
begynnelse   n (en) **13**   *beginning*
begynner   n (en) **13**   *beginner*
beklage   v **1**   *be sorry*
belte   n (et) **9**   *belt*
ben   n (et) **12**   *leg, bone*
besette   v (s) **12**   *take, occupy*
best   a adv **3**   *best*
besteforeldre   n **7**   *grandparents*
bestemt   a **13**   *certain*
bestille   v (2) **2**   *book, order*
besøk   n (et) **10**   *visit*
besøke   v (2) **7**   *visit*
betale   v (2) **3**   *pay*
betingelse   n (en) **16**   *condition*
beundre   v (1) **10**   *admire*
bh   n (en) **9**   *bra*
bil   n (en) **1**   *car*
bilde   n (et) **11**   *picture*
bilist   n (en) **13**   *driver*
billett   n (en) **2**   *ticket*
billig   a **6**   *cheap*
bilnøkkel   n (en) **7**   *car key*
biltur   n (en) **16**   *car trip*
biologisk   a **13**   *biological*
bitteliten   a **12**   *tiny*

bleie   n (en) **7**   *nappy, diaper*
blek   a **9**   *pale*
bli   v (s) **2**   *become*
bli kjent med   **10**   *get to know*
bluse   n (en) **9**   *blouse*
bløtkake   n (en) **10**   *gateau, cake*
blå   a **4**   *blue*
blåse   v (2) **16**   *blow*
bo   v (4) **1**   *live, reside*
bok   n (en) **11**   *book*
bokhylle   n (en) **13**   *bookshelf*
bolle   n (en) **7**   *bun*
bomull   n (en) **9**   *cotton*
bord   n (et) **3**   *table*
borte   adv **4**   *away*
bra   adv **1**   *well*
bratt   a **13**   *steep*
brekke   v (s) **8**   *break*
brenne   v (s) **15**   *burn*
brev   n (et) **12**   *letter*
britisk   a **4**   *British*
bro   n (en) **4**   *bridge*
bronse   n (en) **4**   *bronze*
bror   n (en) **7**   *brother*
brosjyre   n (en) **5**   *brochure*
bruke   v (2) **9**   *use, wear*
brun   a **4**   *brown*
brun saus   n (en) **8**   *gravy*
bry   n (et) **12**   *trouble*
brygge   n (en) **4**   *quay, jetty*
bryst   n (et) **14**   *breast, chest*
brød   n (et) **3**   *bread, loaf*
brønn   n (en) **13**   *well*
brøytekant   n (en) **13**   *bank of snow*
bråke   v (2) **11**   *make a noise*
bukse   n (en) **9**   *trousers*
buss   n (en) **3**   *bus*
butikk   n (en) **9**   *shop*
by   n (en) **3**   *town, city*
bygning   n (en) **4**   *building*
bøtte   n (en) **13**   *bucket*
bøye   v (1) **13**   *bend*
både   c **6**   *both*
bål   n (et) **15**   *fire, bonfire*
bånd   n (et) **14**   *ribbon, tie*
båt   n (en) **15**   *boat*

campingplass   n (en) **8**   *campsite*

da   c **7**   *when, since*
da   adv **5**   *then*

dag n (en) **2** *day*
Dagsnytt **11** *news on TV*
dame n (en, ei) **2** *lady*
Danmark **14** *Denmark*
dans n (en) **10** *dance*
danse v (1) **10** *dance*
dansk a **14** *Danish*
dato n (en) *date*
de p **3** *they*
De p **9** *you* (formal)
deg p **2** *you*
deilig a **10** *delicious, lovely*
dekk n (et) **13** *tyre*
dele v (2) **11** *share*
delta v (s) **13** *take part*
dem p **4** *them*
Dem p **9** *you (formal)*
dempe v (1) **10** *quieten*
den p **4** *it, that*
denne p **5** *this*
der adv **4** *there*
der borte **4** *over there*
dere p **3** *you* (plural)
Deres p **9** *yours*
derfor adv **13** *therefore*
desember **10** *December*
dessert n (en) **10** *sweet,*
 pudding
dessverre adv **12** *unfortunately*
det p **1** *it, that*
dette p **3** *this*
diare n (en) **8** *diarrhoea*
din p **5** *your, yours*
direktør n (en) **2** *director,*
 manager
disk n (en) **5** *counter*
disse p **4** *these*
dit adv **4** *there*
dividere v (2) **6** *divide*
divisjon n (en) **6** *division*
do n (en) **13** *loo*
dobbel a **15** *double*
dra v (s) **15** *go, travel*
dram n (en) **11** *tot of aquavit*
drepe v (2) **7** *kill*
dress n (en) **9** *suit*
drikke v (s) **3** *drink*
drink n (en) **10** *drink*
drittunge n (en) **7** *brat*
dronning n (en, ei) **4** *queen*

du p **1** *you*
dum a **10** *stupid*
dusj n (en) **15** *shower*
dyp a **13** *deep*
dyr a **9** *expensive*
dør n (en, ei) **5** *door*
dørklokke n (en, ei) **10** *doorbell*
dårlig a, adv **5** *bad*

egen a **11** *own*
egentlig a adv **14** *really*
egg n (et) **3** *egg*
eggerøre n (en) **10** *scrambled*
 eggs
ei (ind art) **1** *a, an*
ekkel a, adv **13** *awful*
ekstra a, adv **6** *additional,*
 extra
eldre a **16** *older*
eldst a **7** *oldest*
elegant a **9** *elegant*
elektrisitet n (en) **13** *electricity*
eller c **2** *or*
elleve **5** *eleven*
ellevte **10** *eleventh*
elske v (1) **10** *love*
en (ind. art.) **1** *a, an*
ende n (en) **5** *end*
engel n (en) **7** *angel*
engelsk a **1** *English*
England **1** *England*
enn c **9** *than*
ensom a **14** *lonely*
eplesaft n (en) **10** *apple juice*
erfaring n (en) **12** *experience*
erme n (et) **9** *sleeve*
eske n (en) **9** *box*
et (ind. art.) **1** *a, an*
etasje n (en) **8** *floor, level*
etter adv, pre **2** *after*
etternavn n (et) **7** *surname*
etterpå adv **4** *afterwards*
Europa **2** *Europe*

falle v (s) **13** *fall*
familie n (en) **6** *family*
familieselskap n (et) **10**
 family party
fantastisk a **8** *fantastic*
far n (en) **6** *father*
fare v (s) **11** *travel*

farfar n (en) **7** *grandfather*
farge n (en) **9** *colour*
farge v (1) **11** *colour*
farlig a **13** *dangerous*
farmasøyt n (en) **9** *chemist*
farmor n (en) **7** *grandmother*
fart n (en) **13** *speed*
fartsgrense n (en) **3** *speed limit*
fat n (et) **13** *serving dish*
feber n (en) **9** *temperature*
februar **10** *February*
feire v (1) **11** *celebrate*
felles a **7** *common*
fem **2** *five*
femte **10** *fifth*
femten **5** *fifteen*
femtende **10** *fifteenth*
femti **5** *fifty*
femtiende **10** *fiftieth*
ferdig a **11** *ready, finished*
ferge n (en) **2** *ferry*
ferie n (en) **2** *holiday*
festlig a **10** *festive, fun*
festning n (en) **4** *castle*
film n (en) **2** *film*
fin a **3** *fine*
finger n (en) **8** *finger*
finne v (s) **5** *find*
finnes v (s) **15** *can be found*
fint adv **1** *fine*
fire **2** *four*
firma n (et) **10** *firm, company*
fisk n (en) **3** *fish*
fiske v (1) **16** *fish*
fjell n (et) **3** *mountain*
fjerde **10** *fourth*
fjord n (en) **15** *fjord*
fjorten **5** *fourteen*
fjortende **10** *fourteenth*
flagg n (et) **11** *flag*
flaske n (en, ei) **3** *bottle*
flere a, p **8** *several, more*
flink a **10** *clever*
fly n (et) **1** *aeroplane*
fly v (s) **13** *rush, fly*
flyplass n (en) **3** *airport*
flytte v (1) **12** *move*
fontene n (en) **4** *fountain*
for pre **5** *for*
for adv **8** *too*

for...siden pre **7** *ago*
for seg selv **14** *by oneself*
for tiden **12** *at the moment*
foran adv, pre **13** *in front of*
forandre v (1) **4** *change*
forbause v (1) **10** *surprise*
forbi pre **4** *past*
forbudt a **3** *not allowed, forbidden*
fordi c **2** *because*
foreldre n (plural) **7** *parents*
forelsket a **14** *in love*
foreslå v (s) **12** *suggest*
forkjølet a **9** *having a cold*
forklare v (2) **5** *explain*
forme v (1) **11** *form, shape*
fornøyet a **15** *satisfied*
forover adv **13** *forward*
forretning n (en) **12** *business*
forrett n (en) **10** *starter*
forsiktig a, adv **13** *careful*
forskjellig a, adv **16** *different*
forstoppelse n (en) **9** *constipation*
forstå v (s) **6** *understand*
forsyne seg v (2) **10** *help oneself*
fort a **12** *fast*
fortelle v (s) **7** *tell*
fortsette v (s) **14** *continue*
fortøye v (1) **15** *tie up (a boat)*
fosse v (1) **16** *surge*
fot n (en) **8** *foot*
fotball n (en) **12** *football*
fotografere v (2) **16** *take photos*
fotografi n (et) **16** *photo*
fra pre **1** *from*
frakk n (en) **9** *overcoat*
fransk a **7** *French*
fredag **2** *Friday*
frem adv **11** *forward, forth*
fremdeles adv **10** *still*
fremtid n (en) **16** *future*
fri a, adv **15** *free*
frimerke n (et) **5** *stamp*
frisk a **8** *healthy, well*
frisør n (en) **6** *hairdresser*
fritid n (en) **16** *leisure*
frokost n (en) **3** *breakfast*
fru **12** *Mrs*
frukt n (en) **10** *fruit*

fryktelig   a, adv **14**   *terrible,*
terribly
fryse   v (s) **13**   *freeze*
frøken   **12**   *Miss*
full   a **6**   *full*
fylle ut   v (2) **15**   *fill in*
fyrverkeri   n (et) **11**   *fireworks*
fæl   a **9**   *gruesome*
føde   v (2) **15**   *give birth, be born*
fødselsdag   n (en) **10**   *birthday*
føle   v (2) **16**   *feel*
følge   v (s) **10**   *follow*
før pre   adv **7**   *before*
først   adv **4**   *first*
førti   **5**   *forty*
førtiende   **10**   *fortieth*
få   v (s) **3**   *get, receive*
få lov til   **5**   *be allowed to*
få tak i   **7**   *get hold of*

galt   adv **13**   *wrong*
gammel   a **2**   *old*
gang   n (en) **5**   *time*
gang   n (en) **13**   *passage*
ganger   *times (mulitplication)*
ganske   adv **12**   *quite*
gardin   n (en) **13**   *curtain*
gate   n (en, ei) **4**   *street*
geitost   n (en) **4**   *goat cheese*
gele   n (en) **3**   *jelly*
genser   n (en) **9**   *sweater*
gi   v (s) **7**   *give*
gi opp   **16**   *give in*
gift med   **7**   *married to*
gifte seg   v (1) **7**   *marry*
gitar   n (en) **15**   *guitar*
gjennom   pre **13**   *through*
gjerne   adv **1**   *with pleasure*
gjest   n (en) **10**   *guest*
gjøre   v (s) **5**   *do*
glad   a, adv **7**   *happy, pleased*
glad for at   **6**   *pleased, happy*
that
glad i   **7**   *fond of*
glass   n (et) **1**   *glass*
glatt   a **13**   *slippery*
glede   v (1) **13**   *please*
glede seg til   **2**   *look forward to*
glemme   v (2) **3**   *forget*
gli   v (s) **16**   *slide*

glitter   n (et) **11**   *tinsel*
god   a **2**   *good*
god bedring   **8**   *get well soon*
godt   adv **3**   *well*
granitt   n (en) **4**   *granite*
gratulere   v (2) **10**   *congratulate*
gravlaks   n (en) **3**   *cured salmon*
gressløk   n (en) **10**   *chives*
grille   v (1) **15**   *grill, barbecue*
gris   n (en) **11**   *pig*
grunnlov   n (en) **14**   *constitution*
gryterett   n (en) **10**   *casserole*
grønn   a **4**   *green*
grønnsak   n (en) **10**   *vegetable*
grå   a **9**   *grey*
gudstjeneste   n (en) **11**   *church service*
gul   a **4**   *yellow*
gutt   n (en) **4**   *boy*
Gøteborg   **2**   *Gothenburg*
gøy   n (et) **13**   *fun*
gå   v (s) **1**   *go, travel*

ha   v (s) **1**   *have*
hage   n (en) **7**   *garden*
hals   n (en) **9**   *neck*
halv   **11**   *half*
ham   p **5**   *him*
han   p **1**   *he*
hard   adj **2**   *hard*
hatt   n (en) **9**   *hat*
hav   n (et) **8**   *sea*
hei   **1**   *hi / hello*
heis   n (en) **15**   *lift*
hel   a **2**   *whole*
heldig   a **6**   *lucky*
heldigris   adv **9**   *luckily*
heller   adv **2**   *rather, either*
helt   adv **8**   *completely*
hende   v (2) **12**   *happen*
henge   v (2) **9**   *hang*
henne   p **6**   *her*
hennes   p **7**   *her, hers*
hente   v (1) **6**   *collect, gather*
her   adv **3**   *here*
herfra   adv **14**   *from here*
herr   **12**   *Mr*
hest   n (en) **14**   *horse*
hete   v (s) **1**   *be called*
hilse   v (2) **6**   *greet*
hilsen   n (en) **11**   *greeting*

himmel n (en) 11 *sky, heaven*
historie n (en) 14 *history, story*
hjelp n (en) 5 *help*
hjelpe v (s) 5 *to help*
hjem adv 6 *home*
hjemme adv 6 *at home*
hjernerystelse n (en) 8 *concussion*
hode n (et) 8 *head*
hodepine n (en) 9 *headache*
hodepinetablett n (en) 9 *headache pill*
holde v (s) 6 *keep, hold*
holme n (en) 15 *small island*
hos pre 2 *by, with*
hoste v (1) 9 *cough*
hostesaft n (en) 9 *cough medicine*
hotell n (et) 2 *hotel*
hotellbransje n (en) 12 *hotel business*
hoved- 11 *main*
hovedgate n (en) 4 *main street*
humør n (et) 5 *mood, humour*
hun p 1 *she*
hund n (en) 15 *dog*
hundre 5 *hundred*
hus n (et) 4 *house*
huske v (1) 3 *remember*
hva p 1 *what*
hva slags 5 *what kind of*
hvem p 4 *who*
hver a, p 2 *each, every*
hverandre p 5 *each other*
hvilken a, p 5 *which*
hvis c 2 *if*
hvit a 7 *white*
hvitvin n (en) 3 *white wine*
hvor adv 1 *where*
hvor adv 13 *how*
hvordan adv 1 *how*
hvorfor adv 2 *why*
hybel n (en) 14 *bedsit*
hygge seg v (1) 10 *have a good time*
hyggelig a 2 *nice, pleasant*
hytte n (en, ei) 13 *cottage, cabin*
høre v (2) 6 *hear*
høres bra ut 15 *sounds good*

høst n (en) 9 *autumn*
høy a 8 *tall, high*
høyfjell n (et) 13 *mountain, above the tree line*
høyre a 3 *right*
hånd n (en, ei) 8 *hand*
håpe v (1) 10 *hope*

i pre 1 *in*
i aften 10 *this evening*
i dag 7 *today*
i en uke 7 *for a week*
i fjor 12 *last year*
i går 6 *yesterday*
i kveld 2 *this evening*
i morgen 2 *tomorrow*
i morges 15 *this morning*
i orden 7 *in order*
i sommer 1 *this summer*
i tur og orden 11 *one by one*
i uken 12 *per week*
ide n (en) 14 *idea*
idiot n (en) 13 *idiot*
igjen adv 4 *again, left*
ikke adv 1 *not*
ikke sant 10 *isn't that so*
ikke så verst 6 *not too bad*
ingen a, p 3 *nobody, no, none*
ingeniør n (en) 10 *engineer*
ingenting p 16 *nothing*
inkludere v (2) 15 *include*
inn i 3 *into*
inne adv 7 *inside*
innen adv, c 12 *before, within*
interessant a 11 *interesting*
interessert a 9 *interested*
invitere v (2) 10 *invite*
is n (en) *ice-cream*
ivrig a 13 *eager*

ja 1 *yes*
jada 14 *yes, all right!*
jakke n (en) 7 *coat, jacket*
januar 10 *January*
jeg p 1 *I*
jente n (en, ei) 13 *girl*
jo 6 *yes* (after negative)
jobb n (en) 7 *job, position*
jobbe v (1) 12 *work*
jord n (en) 13 *earth*
jul n (en) 10 *Christmas*

julaften   n (en) 11   *Christmas Eve*
juledag   n (en) 11   *Christmas Day*
juleferie   n (en) 16   *Christmas holiday*
julegris   n (en) 11   *Christmas pig*
julekake   n (en) 11   *Christmas cake*
julekveld   n (en) 11   *Christmas Eve*
julesang   n (en) 11   *Christmas carol*
juleskikk   n (en) 11   *Christmas tradition*
juletre   n (et) 11   *Christmas tree*
juli   2   *July*
juling   n (en) 7   *beating, hiding*
juni   10   *June*

kafe   n (en) 12   *café*
kafeteria   n (en) 3   *cafeteria*
kaffe   n (en) 1   *coffee*
kake   n (en, ei) 10   *cake*
kald   a 8   *cold*
kalle   v (2) 7   *call*
kamera   n (et) 16   *camera*
kanskje   adv 5   *perhaps*
karamellpudding   n (en) 10
   creme caramel
kart   n (et) 2   *map*
kasse   n (et) 5   *till*
kaste   v (1) 8   *throw*
kaste opp   8   *vomit*
katt   n (en) 15   *cat*
kino   n (en) 2   *cinema*
kiosk   n (en) 5   *kiosk*
kirke   n (en) 11   *church*
kirkeklokke   n (en, ei) 11   *church bell*
kjedelig   a 2   *boring*
kjempe-   12   *very, 'mega-'*
kjempefin   a 12   *very fine, superb*
kjempekjekk   a 12   *very hunky*
kjenne   v (2) 10   *know, be acquainted*
   with
kjole   n (en) 9   *dress*
kjære   10   *dear*
kjøkken   n (et) 10   *kitchen*
kjøkkenhjelp   n (en) 12
   kitchen hand
kjøpe   v (2) 5   *buy*
kjøre   v (2) 2   *drive*
kjøtt   n (et) 3   *meat*
kjøttkake   n (en, ei) 8   *meat ball*
klage   v (1) 15   *complain*
kle   v (4) 9   *suit*
klem   n (en) 7   *hug*

klemme   v (2) 11   *hug*
klippe   v (1) 8   *cut* (with scissors)
klok   a 16   *wise*
klokke   n (en, ei) 6   *clock, time*
klær   n (plural) 9   *clothes*
klø   v (4) 9   *itch*
kne   n (et) 8   *knee*
koke   v (2) 3   *boil*
koldtbord   n (et) 3   *cold buffet*
kollega   n (en) 9   *colleague*
komme   v (s) 1   *come*
kone   n (en, ei) 10   *wife*
konge   n (en) 4   *king*
kongefamilie   n (en) 14   *royal family*
kongelig høyhet   n (en) 12
   royal highness
konsert   n (en) 5   *concert*
kontakt   n (en) 9   *contact*
kontor   n (et) 13   *office*
kopp   n (en) 1   *cup*
korallrød   a 9   *coral red*
kort   a 9   *short*
kort   n (et) 5   *card, postcard*
kos   a 10   *pleasant (slang)*
kose seg   v (2) 14   *enjoy oneself*
koselig   a 10   *pleasant, lovely*
koste   v (1) 5   *cost*
kraftig   a 8   *strong*
krangle   v (1) 6   *argue, quarrel*
kredittkort   n (et) 15   *credit card*
krem   n (en) 11   *cream*
krig   n (en) 14   *war*
krone   n (en) 5   *unit of Norwegian currency*
kronprins   n (en) 14   *crown*
   prince
kropp   n (en) 8   *body*
kul   a 14   *fun (slang)*
kuldegrad   n (en) 13   *minus*
   degree
kunde   n (en) 9   *customer*
kunne   v (modal) 7   *can*
kunstmaler   n (en) 12   *artist*
kurs   n (et) 2   *course*
kusine   n (en) 7   *cousin* (female)
kvalifisere   v (2) 12   *qualify*
kvalm   a 8   *nauseous*
kvart på   11   *quarter to*
kveld   n (en) 2   *evening*
kvittering   n (en) 5   *receipt*
kyss   n (et) 11   *kiss*

kysse   v (1) **11**   *kiss*
kyst   n (en) **16**   *coast*
køye   n (en, ei) **3**   *bunk*
kåpe   n (en, ei) **9**   *overcoat*

lage   v (1) **4**   *make*
laks   n (en) **3**   *salmon*
lammestek   n (en) **10**   *roast lamb*
lammeull   n (en) **9**   *lambswool*
land   n (et) **14**   *country*
lang   a **3**   *long*
langs   pre **13**   *along*
langsom   a **13**   *slow*
langt   adv **4**   *far*
lastebil   n (en) **3**   *lorry*
latter   n (en) **15**   *laughter*
le   v (s) **10**   *laugh*
ledig   a **6**   *free, vacant*
lege   n (en) **8**   *doctor*
legekontor   n (et) **7**   *surgery*
legge   v (s) **11**   *put*
legge seg   v **11**   *go to bed*
lei av   **9**   *tired of*
lei meg   **14**   *sorry*
leie   v (1) **12**   *rent*
leilighet   n (en) **7**   *flat*
leke   v (2) **7**   *play (with toys)*
lekerom   n (et) **15**   *playroom*
lekker   a **9**   *super*
lenge   adv **5**   *a long time*
lese   v (2) **11**   *read*
lett   a **5**   *easy*
ligge   v (s) **4**   *lie*
lik   a **5**   *like*
like   v (2) **2**   *like*
like   adv **13**   *just*
likevel   adv **12**   *after all*
likne   v (1) **4**   *look like*
lillebror   n (en) **6**   *little brother*
lite   adv **13**   *not much*
liten   a **3**   *small*
litt   adv **3**   *a little*
liv   n (et) **12**   *life*
livlig   a **13**   *lively*
livredd   a **13**   *deadly frightened*
lue   n (en, ei) **9**   *cap*
luft   n (en)   *air*
lugar   n (en) **3**   *cabin*
lukke   v (1) **11**   *shut*
lunsj   n (en) **15**   *lunch*

lure på   v (2) **11**   *wonder*
lys   n (et) **3**   *light*
lys   n (et) **10**   *candle*
lys   a **15**   *light*
lyse   v (2) **11**   *shine*
lære   v (2) **1**   *learn*
lærer   n (en) **2**   *teacher*
løfte   v (1) **10**   *lift*
løpe   v (5) **14**   *run*
lørdag   **2**   *Saturday*
låne   v (2) **7**   *borrow*

mai   **10**   *May*
majestet   n (en) **12**   *majesty*
majones   n (en) **8**   *mayonnaise*
mandag   **2**   *Monday*
mange   p, a **3**   *many*
mann   n (en) **5**   *man*
marmelade   n (en) **3**   *marmalade*
mars   **10**   *March*
marsipan   n (en) **11**   *marzipan*
marsipankake   n (en, ei) **10**   *marzipan cake*
marsj   n (en) **14**   *march*
mase   v (2) **14**   *nag*
mat   n (en) **3**   *food*
matpakke   n (en) **15**   *packed meal*
matpapir   n (et) **15**   *greaseproof paper*
med   pre **1**   *with*
med en gang   **6**   *at once*
meddele   v (2) **12**   *inform*
medisin   n (en) **1**   *medicine*
meg   p **2**   *me*
meget   adv **3**   *much, very*
melk   n (en) **3**   *milk*
melodi   n (en) **14**   *tune*
men   c **1**   *but*
mene   v (2) **5**   *think, mean*
menneske   n (et) **14**   *person*
mens   c **7**   *while*
mer   a adv **3**   *more*
merkelig   a **16**   *strange, peculiar*
middag   n (en) **3**   *dinner*
midnatt   n (en) **15**   *midnight*
min   p **2**   *my, mine*
mindre   a, adv **9**   *smaller, less*
mine   p **3**   *my, mine (pl)*
mineralvann   n (et) **10**   *mineral water*
minst   a, adv **13**   *smallest*
minutt   n (et) **5**   *minute*

misfornøyet   a **15**   *dissatisfied*
monolitt   n (en) **4**   *monolith*
mor   n (en, ei) **6**   *mother*
morfar   n (en) **7**   *grandfather*
morgen   n (en) **9**   *morning*
mormor   n (en) **7**   *grandmother*
morn   **1**   *hi/hello*
moro   n (ei, en) **10**   *fun*
morsom   a **10**   *funny, amusing*
mot   pre **8**   *towards*
mote   n (en) **9**   *fashion*
motorbåt   n (en) **15**   *motor boat*
motorsykkel   n (en) **1**   *motorbike*
mulig   a **8**   *possible*
mulighet   n (en) **12**   *possibility*
multe   n (en) **11**   *cloudberry*
munn   n (en) **8**   *mouth*
museum   n (et) **5**   *museum*
musikk   n (en) **10**   *music*
musikk-korps   n (et) **14**   *band*
musserende   a **11**   *sparkling* (of wine)
mye   adv **3**   *much, a lot of*
mynt   n (en) **5**   *coin*
mønster   n (et) **9**   *pattern*
mønstret   a **9**   *patterned*
mørk   a **8**   *dark*
møte   v (s) **1**   *meet*
måltid   n (et) **11**   *meal*
måned   n (en) **7**   *month*
måtte   v (modal) **2**   *must, have to*

nabo   n (en) **10**   *neighbour*
nasjonaldag   n (en) **14**   *national day*
Nationalteatret   **5**   *The National Theatre*
natt   n (en) **15**   *night*
natur   n (en) **8**   *nature*
navn   n (et) **5**   *name*
ned   pre **5**   *down*
nederst i   **16**   *at the bottom of*
nei   **1**   *no*
nese   n (en) **8**   *nose*
neste   a **3**   *next*
nesten   adv **5**   *nearly, almost*
nettopp   adv **9**   *just*
nevø   n (en) **7**   *nephew*
ni   **2**   *nine*
niende   **10**   *ninth*
niese   n (en) **7**   *niece*
niste   n (en) **15**   *packed meal*
nitten   **5**   *nineteen*

nittende   **10**   *nineteenth*
nitti   **5**   *ninety*
nittiende   **10**   *ninetieth*
noe   p **8**   *some/any, something*
noen   p **5**   *somebody, some, any*
nok   adv **3**   *enough*
nokså   *fairly*
Nord-Norge   **1**   *north Norway*
nord   **3**   *north*
nordmann   n (en) **12**   *Norwegian*
Norge   **1**   *Norway*
norsk   a **1**   *Norwegian*
november   **10**   *November*
nummer   n (et) **6**   *number*
ny   a **7**   *new*
nydelig   a **16**   *lovely*
nyse   v (s) **9**   *sneeze*
nyte   v (s) **16**   *enjoy*
nyttår   n (et) **11**   *New Year*
nyttårsaften   n (en) **11**   *New Year's Eve*
næmere   adv **14**   *nearer*
nøkkel   n (en) **15**   *key*
nå   adv **1**   *now*
nå   v (4) **7**   *reach*
nå og da   **12**   *now and then*
når   adv **1**   *when*
når som helst   **12**   *any time*

ofte   adv **7**   *often*
og   c **1**   *and*
også   adv **2**   *also*
oktober   **10**   *October*
ola-bukser   n (pl) **8**   *jeans*
om   pre **6**   *in, about*
om   c **12**   *whether*
om et par uker   **6**   *in a couple of weeks*
om forlatelse   **13**   *sorry*
ombord   **3**   *on board*
omtrent   **5**   *roughly*
omegn   n (en) **14**   *neighbourhood*
onsdag   **2**   *Wednesday*
operasanger   n (en) **12**   *opera singer*
opp   pre **6**   *up*
oppleve   v (3) **11**   *experience*
ordliste   n (en)   *word list*
organisasjon   n (en) **12**   *organisation*
oss   p **6**   *us*
ost   n (en) **3**   *cheese*
over   pre, adv **2**   *over, more than*
overnatte   v (1) **10**   *stay overnight*
ovn   n (en) **13**   *stove, oven*

pakke v (1) **6** *pack*
papir n (et) **5** *paper*
par n (et) **6** *couple*
parafinlampe n (en) **13** *paraffin lamp*
park n (en) **4** *park*
parkeringsplass n (en) **13** *parking place*
pasient n (en) **6** *patient*
pass n (et) **2** *passport*
passasjer n (en) **3** *passenger*
passe v (1) **3** *mind*
passe v (1) **7** *look after*
passe v (1) **9** *fit*
passe til **9** *go with*
peis n (en) **13** *fireplace*
pen a **4** *pretty*
penere a **9** *prettier*
penger n (plural) **5** *money*
pensjonat n (en) **16** *guesthouse*
person n (en) **15** *person*
personalsjef n (en) **12** *personnel director*
piggdekk n (et) **13** *studded tyre*
pike n (en) **4** girl
pille n (en) **9** *pill*
pinnekjøtt n (et) **11** *mutton dish*
plan n (en) **16** *plan*
plass n (en) **3** *space, place*
plassbillett n (en) **6** *booked seat*
plaster n (et) **8** *plaster*
plikt n (en) **10** *duty*
ploge v (1) **13** *plough*
plutselig a, adv **6** *suddenly*
Polarsirkelen **5** *the Arctic Circle*
politimann n (en) **14** *policeman*
pommes frites n (plural) **8** *chips*
pop-konsert n (en) **5** *pop concert*
port n (en) **4** *gate*
post n (en) **5** *post*
poste v (1) **11** *post*
potet n (en) **8** *potato*
prate v (1) **10** *chatter*
presang n (en) **11** *present*
prins n (en) **14** *prince*
program n (et) **11** *programme*
prosesjon n (en) **14** *procession*
provins n (en) **14** *province*
prøve v (3) **8** *try*
prøverom n (en) **9** *changing room*
pub n (en) **1** *pub*
pynt n (en) **11** *decoration*

pynte v (1) **11** *decorate*
pølse n (en) **3** *sausage*
på pre **2** *on, at*
på vegne av **10** *on behalf of*
påkjørt a **8** *run over*
påske n (en) **12** *Easter*

rakett n (en) **11** *rocket, fireworks*
rart adv **11** *strange*
redd a **13** *frightened*
reddhare n (en) **13** *coward*
redningsvest n (en) **15** *life jacket*
regne v (1) **5** *rain*
regning n (en) **15** *bill*
reise v (2) **1** *travel*
reisesjekk n (en) **5** *traveller's cheque*
reisesykemiddel n (et) **9** *travelsickness remedy*
reke n (en, ei) **3** *prawn*
rekved n (en) **15** *driftwood*
ren a **13** *clean*
resepsjon n (en) **12** *reception*
respekt n (en) **15** *respect*
rest n (en) **5** *rest*
restaurant n (en) **3** *restaurant*
returbillett n (en) **6** *return ticket*
riksvei l (en) **6** *main road*
ringe v (2) **6** *ring*
riste v (1) **3** *toast, shake*
rom n (et) **8** *room*
rope v (2) **14** *shout*
rundstykke n (et) **3** *bread roll*
rundt pre, adv **4** *around*
russisk a **7** *Russian*
rutet a **9** *checked*
rydde v (1) **7** *tidy*
ryggsekk n (en) **13** *rucksack*
rød a **8** *red*
rødvin n (en) **3** *red wine*
røkelaks n (en) **10** *smoked salmon*
røre v (2) **8** *touch*
røre seg **8** *move*
rørt a **10** *touched, moved*
rådhus n (et) **4** *city/town hall*

saft n (en) **7** *juice, squash*
sakte a **11** *slow*
salat n (en) **3** *salad*
samboer n (en) **10** *live-in partner*
samme a **9** *same*
sammen adv **2** *together*

samtale n (en) **1** *dialogue*
sann a **5** *true*
saus n (en) **10** *sauce, gravy*
savne v (1) **9** *miss*
se v (s) **1** *see, look*
se frem til **12** *look forward to*
seddel n (en) **5** *note*
seks **2** *six*
seksten **5** *sixteen*
sekstende **10** *sixteenth*
seksti **5** *sixty*
sekstiende **10** *sixtieth*
selge v (s) **5** *sell*
selskap n (et) **9** *party*
selv p **7** *-self*
selv om c **3** *even if*
selvfølgelig a, adv **11** *of course*
selvstendig a **14** *independent*
semester n (et) **9** *term, semester*
sen a **7** *late*
sende v (2) **5** *send*
senere adv **6** *later*
seng n (en, ei) **8** *bed*
sennep n (en) **8** *mustard*
sent adv **2** *late*
september **10** *September*
sertifikat n (et) **3** *driving licence*
sette seg **10** *sit down*
servere v (2) **15** *serve*
servitør n (en) **15** *waiter*
sette v (s) **10** *place, put*
sette i gang **13** *start*
si v (s) **3** *say*
side n (en) **3** *side*
siden c **6** *since*
sikker a **12** *sure*
sikkert **4** *certainly*
sild n (en, ei) **3** *herring*
sin p **6** *his, her(s)*
sint a **4** *cross, angry*
sist a **9** *last*
situasjon n (en) **13** *situation*
sjalu a **14** *jealous*
sjef n (en) **12** *boss*
sjette **10** *sixth*
sjokolade n (en) **13** *chocolate*
sju **2** *seven*
sjuende **10** *seventh*
sjø n (en) **4** *sea*
skandinavisk a **3** *Scandinavian*

ski n (en, ei) **13** *ski*
skifte v (1) **7** *change*
skikk n (en) **11** *custom, tradition*
skilles v (2) **15** *get divorced*
saus n (en) **8** *sauce*
skinne v (2) **4** *shine*
skitten a **15** *dirty*
skitur n (en) **13** *skiing trip*
skje n (en) **9** *spoon*
skjev a **8** *crooked*
skjorte n (en, ei) **9** *shirt*
skjørt n (et) **7** *skirt*
sko n (en) **9** *shoe*
skole n (en) **2** *school*
skolebarn n (et) **14** *pupil, school child*
skoletid n (en) **10** *school time*
skrike v (s) **7** *cry, scream*
skrive v (s) **5** *write*
skrå a **13** *crooked*
skulder n (en) **8** *shoulder*
skulle v (modal) **1** *shall*
skulptur n (en) **1** *statue, sculpture*
skynde seg v (2) **16** *hurry*
skål **3** *cheers*
skåle v (2) **10** *say 'skål'*
slik a, adv **19** *like this*
slott n (et) **4** *palace*
slutt n (en) **12** *end*
slå v (s) **6** *hit, dial*
smak n (en) **9** *taste*
smake v (2) **11** *taste*
smal a **9** *narrow*
smart a **9** *smart*
smelle v (2) **11** *bang*
smelte v (1) **13** *melt*
smil n (et) **10** *smile*
smile v (2) **5** *smile*
smilende a **10** *smiling*
smør n (et) **4** *butter*
småbåt n (en) **15** *small boat*
snakke v (1) **3** *talk*
snart adv **6** *soon*
snekker n (en) **12** *carpenter*
snill a **7** *good, kind*
snø n (en) **11** *snow*
snø v (4) **11** *snow*
snødekt a **16** *snow-covered*
snøfnugg n (et) **9** *snow flake*
sokk n (en) **9** *sock*
sol n (en) **3** *sun*

solbriller   n (plural) **13**   *sun glasses*
solkrem   n (en) **13**   *suntan lotion*
som   p **2**   *who, which, that, like, as*
som om   **16**   *as if*
sommer   n (en) **1**   *summer*
sommerklær   n **14**   *summer clothes*
sove   v (s) **7**   *sleep*
soverom   n (et) **13**   *bedroom*
søvn   n (cn) **16**   *sleep*
spa   v (4) **13**   *dig*
speil   n (et) **8**   *mirror*
spennende   a **12**   *exciting*
spesielt   adv **7**   *especially*
spille   v (2) **14**   *play*
spise   v (2) **3**   *eat*
spøk   n (en) **16**   *joke*
spørre   v (s) **7**   *ask*
stadig   adv **12**   *often, steadily*
stakkars   a **8**   *poor*
starte   v (1) **15**   *start, begin*
stasjon   n (en) **5**   *station*
stativ   n (et) **5**   *stand*
sted   n (et) **8**   *place*
stemme   n (en) **8**   *voice*
sterk   a **13**   *strong*
stil   n (en) **9**   *style*
stille   adv **8**   *still*
stilling   n (en) **12**   *position*
sting   n (et) **8**   *stitch*
stol   n (en) **13**   *chair*
stoppe   v (1) **4**   *stop*
stor   a **2**   *big*
Stortinget   **5**   *the Norwegian Parliament*
strengt   adv **3**   *strictly*
stripe   (en, ei) **9**   *stripe*
strømme   v (1) **16**   *stream*
strømpe   n (en) **9**   *stocking*
strømpebukse   n (en) **9**   *tights*
student   n (en) **1**   *student*
studere   v (2) **1**   *study*
studielån   n (et) **16**   *study loan*
studium   n (et) **12**   *study course*
stue   n (en, ei) **10**   *living room*
stund   n (en) **6**   *time, while*
stygg   a **9**   *ugly*
stykke   n (et) **16**   *bit*
størrelse   n (en) **9**   *size*
støttebandasje   n (en) **9**   *support bandage*

støvel   n (en) **9**   *boot*
stå   v (s) **9**   *stand*
sulten   a **3**   *hungry*
svak   a **7**   *weak*
svare   v (2) **6**   *answer*
svart   a **8**   *black*
svensk   a **14**   *Swedish*
Sverige   **2**   *Sweden*
svinge   v (2) **13**   *turn*
svoger   n (en) **7**   *brother-in-law*
svømmehall   n (en) **13**   *swimming-pool*
sykehus   n (et) **8**   *hospital*
sykepleier   n (en) **8**   *nurse*
sykeseng   n (en, ei) **8**   *hospital bed*
sykkel   n (en) **1**   *bicycle*
synd   n (en) **14**   *pity*
synes   v (2) **4**   *think, find*
synge   n (s) **11**   *sing*
sytten   **5**   *seventeen*
syttende   **10**   *seventeenth*
sytti   **5**   *seventy*
syttiende   **10**   *seventieth*
særlig   adv **14**   *especially*
søke   v (2) **12**   *apply, seek*
søker   n (en) **12**   *applicant*
søndag   **2**   *Sunday*
sør   **16**   *south*
sørover   **8**   *southwards*
søsken   n **7**   *siblings*
søster   n (en, ei) **7**   *sister*
søt   a **4**   *sweet*
søvn   n (en) **16**   *sleep*
så   c, adv **2**   *so, subsequently*
så ... som   c **8**   *as ... as*
så vidt   **11**   *hardly*
sånn   a **13**   *such*
sår   n (et) **8**   *wound*
såre   v (1) **14**   *hurt, wound*

ta   v (s) **2**   *take*
ta seg av   **7**   *take care of*
takk   **1**   *thank you*
takk i like måte   **11**   *thank you, the same*
takke   v (1) **12**   *thank*
tale   n (en) **10**   *speech*
tankeløs   a **12**   *thoughtless*
tannlege   n (en) **6**   *dentist*
tante   n (en) **2**   *aunt*
te   n (en) **3**   *tea*
teater   n (et) **5**   *theatre*

teaterstykke   n (et) **5**   *play*
tekst   n (en) **2**   *text*
telefon   n (en) **6**   *telephone*
telefonkatalog   n (en) **6**   *directory*
televisjon   n (en) **10**   *television*
telt   n (et) **6**   *tent*
tenke   v (2) **8**   *think*
tenke seg   **16**   *imagine*
tenne   v (2) **11**   *light*
termos   n (en) **15**   *Thermos*
ti   **2**   *ten*
ti over   **11**   *ten past*
ti på   **11**   *ten to*
tid   n (en, ei) **2**   *time*
tidevannsstrøm   n (en) **16**   *tidal flow*
tidlig   a, adv **10**   *early*
tiende   **10**   *tenth*
til   pre **1**   *to, till*
til felles   **7**   *in common*
til slutt   **10**   *at the end*
tilbake   adv **3**   *back*
tilbud   n (et) **13**   *offer*
tilby   v (s) **16**   *offer*
tilgi   v (s) **14**   *forgive*
time   n (en) **3**   *hour*
tirsdag   **2**   *Tuesday*
tjue   **5**   *twenty*
tjueen   **5**   *twentyone*
tjueførste   **10**   *twentyfirst*
tjuende   **10**   *twentieth*
to   **2**   *two*
toalett   n (et) **13**   *toilet*
tog   n (et) **1**   *train*
tog   n (et) **14**   *parade*
tolv   **5**   *twelve*
tolvte   **10**   *twelfth*
topp   n (en) **8**   *peak*
tore   v (modal) **13**   *dare*
torsdag   **2**   *Thursday*
tradisjon   n (en) **11**   *tradition*
trafikk   n (en) **15**   *traffic*
travel   adv **13**   *busy*
tre   **2**   *three*
tre   n (et) **11**   *tree*
trebygning   n (en) **16**   *wooden building*
tredje   **8**   *third*
treffe   v (s) **2**   *meet*
trenge   v (2) **5**   *need*
trepanel   n (en) **13**   *wood panelling*
trett   a **13**   *tired*

tretten   **5**   *thirteen*
trettende   **10**   *thirteenth*
tretti   **5**   *thirty*
trettiende   **10**   *thirtieth*
trikk   n (en) **4**   *tram*
trimrom   n (et) **15**   *gym*
trives   v (s) **16**   *thrive*
tro   v (4) **3**   *believe*
troll   n (et) **9**   *troll, ogre*
truse   n (en) **9**   *pants*
trøye   n (en) **9**   *vest*
tulling   n (en) **13**   *idiot*
tung   a **13**   *heavy*
tur   n (en) **7**   *trip*
tur   n (en) **10**   *turn*
turisme   n (en) **12**   *tourism*
turistinformasjon   n (en) **5**   *tourist information*
turkis   a **9**   *turquoise*
tusen   **5**   *thousand*
tusenvis   **5**   *thousands*
tykk   a **4**   *thick, fat*
tynn   a **15**   *thin*
typisk   a **3**   *typical*
tømmerhytte   n (en, ei) **13**   *timber cabin*
tørke   v (1) **10**   *dry*
tørr   adj **7**   *dry*
tørst   a **3**   *thirsty*
tå   n (en, ei) **8**   *toe*
tålmodig   a **14**   *patient*
tåre   n (en) **10**   *tear*
tårn   n (et) **4**   *tower*

uke   n (en, ei) **5**   *week*
ull   n (en) **9**   *wool*
ulykke   n (en) **8**   *accident*
under   pre **11**   *under*
underbukse   n (en, ei) **9**   *underpants*
undersøke   v (2) **8**   *examine*
ung   a **9**   *young*
unge   n (en) **14**   *child, kid*
union   n (en) **14**   *union*
unnskyld   **5**   *excuse me*
urmaker   n (en) **12**   *watch maker*
ut   adv **4**   *out*
ute   adv **4**   *out*
uten   pre **8**   *without*
utenfor   adv, pre **13**   *outside*
utkjørt   a **14**   *exhausted*
utland   n (et) **16**   *abroad*

utrolig   a **16**   *unbelievable*
utsikt   n (en) **8**   *view*
utstilling   n (en) **5**   *exhibition*
utålmodig   a **11**   *impatient*

vaffel   n (en) **10**   *waffle*
vakker   a **4**   *beautiful*
vaktmester   n (en) **12**   *caretaker*
vaniljesaus   n (en) **3**   *custard*
vanlig   a **13**   *usual*
vann   n (et) **4**   *water*
vannmasse   n (en) **16**   *mass of water*
vanskelig   a **6**   *difficult*
vant til   **11**   *used to*
vare   v (2) **14**   *last*
varm   a **8**   *warm*
vaske   v (1) **7**   *wash*
vaske opp   **7**   *do the dishes*
vaske seg   **13**   *wash oneself*
vaskerom   n (et) **13**   *washroom*
ved   pre **5**   *by, at, near*
ved siden av   **13**   *next to*
vedlegge   v (s) **12**   *enclose*
vei   n (en) **2**   *road*
vekk   adv **13**   *away*
veksle   v (1) **5**   *change* (money)
veldig   a, adv **3**   *very*
velkommen   a **10**   *welcome*
venn   n (en) **3**   *friend*
venninne   n (en, ei) **10**   *female friend*
venstre   a **4**   *left*
vente   v (1) **6**   *wait*
verden   n (en) **14**   *world*
verken ... eller   c **13**   *neither ... nor*
verst   a **6**   *worst*
vest   **12**   *west*
Vestlandet   **2**   *west Norway*
veterinær   n (en) **12**   *veterinary surgeon*
vi   p **2**   *we*
videre   adv **2**   *further*
vikingskip   n (et) **6**   *Viking ship*
viktig   a **6**   *important*
ville   v (modal) **1**   *will, want*
vin   n (en) **3**   *wine*

vindu   n (et) **11**   *window*
vindusplass   n (en) **6**   *window seat*
vinke   v (1) **14**   *wave*
vinter   n (en) **12**   *winter*
virkelig   adv **8**   *really*
vise   v (2) **16**   *show*
visst   adv **10**   *certainly*
vite   v (s) **5**   *know*
voksende   a **12**   *growing*
vond   a **8**   *painful, bad*
vær   n (et) **5**   *weather*
vær så god   **6**   *can I help you?, do help yourself*
være   v (s) **2**   *be*
våkne   v (1) **8**   *wake up*
vår   n (en) **12**   *spring*
vår   p **7**   *our*
våt   a **8**   *wet*

WC   n (et)   *WC, toilet*

ærbødigst   **12**   *yours faithfully*
æsj!   **7**   *yuk!*

ødelegge   v (s) **13**   *ruin, spoil*
økonomi   n (en) **12**   *economics*
øl   n (et) **1**   *beer, ale*
ønske   v (1) **10**   *wish*
ønske   n (et) **11**   *wish*
øre   n (en) **5**   *1/100th of a krone*
øre   n (et) **8**   *ear*
øye   n (et) **8**   *eye*
øyeblikk   n (et) **6**   *moment*

åpen   a **4**   *open*
åpne   v (1) **10**   *open*
åpningstid   n (en) **5**   *opening time*
år   n (et) **7**   *year*
årsak   n (en) **5**   *reason*
årstid   n (en) **12**   *season*
åtte   **2**   *eight*
åttende   **10**   *eighth*
åtti   **5**   *eighty*
åttiende   **10**   *eightieth*

Index

Question words

Slang words

Tag words

Verbs

Word order and sentence construction